KB053195

임플란트
함부로 하지 말아야 할 이유

치과외전

현직 치과의사의 쓴소리

임플란트 함부로 하지 말아야 할 이유

치과외전

현직 치과의사의 쓴소리

김광수 | 지음

도서출판 말

차례

치과계에 던지는 진실한 비판과 경고 메시지

4차 산업혁명 시대를 맞아 디지털 치아디자인, 컴퓨터 임 플란트 모의수술 프로그램, 재현 가이드를 만드는 3차원 프린 터 등이 출현하고 있습니다. 이처럼 의료계 안팎이 빠르게 변화 하는 시점에 용감한 예방치의학자가 치과계의 과도한 상업화 를 비판하고 잇솔질을 강조하는 경고장을 날렸습니다.

교정 치료를 할 때 소구치(작은어금니)를 뺄 것인가 말 것 인가를 고민하는 교정 의사처럼 많은 치의사들은 하나의 치아 에 온 우주가 깃들어 있고, 생명을 유지하기 위한 일차 소화기관 으로서의 중요성을 잘 알기에 그 기능을 오랫동안 제대로 해낼 수 있도록 하나의 치아라도 끝까지 살리려고 노력해왔습니다.

그러나 이제 공공의료가 벼랑 끝에 서 있고, 의사를 향한 불신도 점점 심해지는 가운데 악마의 맷돌이라는 시장경제 속 에서 치의학도 영리화되어 그 귀한 의료인들이 괴상한 모습의 고부가 서비스산업 시장의 전사로 전락해가고 있는 모습을 봅 니다.

그 와중에 대학에서 예방치의학을 가르쳤고, 개원경력 20년이 넘고, 지금은 현장에서 건강검진을 하는 치과의사인 필자가 상업 자본의 시녀가 되어 영리 추구에 매몰되어 가고 있는 치과계와 의료계를 향해 진실한 메시지가 담긴 비판과 경고를 던졌습니다.

페이스북을 통해 치의학과 불교철학을 종횡무진 넘나들며 자신의 주장을 펼치는 김광수 박사의 글을 접하면서 응원의 박수를 보냈던 치과의사의 한 사람으로서 치과업계가 불편하게 느낄 수 있는 제목을 달고 나온 이 책 '임플란트 함부로 하지 말아야 할 이유'를 추천합니다.

유영재 │ 치과의사, 전 어린이 의약품 지원본부 공동대표, 건강사회를 위한 치과의사회 3기 회장, 전 베지닥터 상임대표.

과잉진료로 상업화된 치과계에 경종을 울리고자

나는 개원의로서 20년 동안 아말감을 사용하여 무수히 많은 환자의 충치를 치료했다. 그런데 최근 개인병원을 정리하고 건강검진을 다니는데, 젊은이들 사이에서 금-인레이가 너무 많아서 놀랐다. 우리나라가 이렇게도 잘살게 된 것인가? 한편 그와는 반대로 치아가 없는 사람들이 너무 많다는 데도 놀랐다. 치료되지 않은 충치도 많았다. 노동자들은 내국인이건 외국인이건 월급에서 4대 보험으로 건강보험료를 내고 사업주도 건강보험료를 50% 내어준다. 그런데도 치료되지 않은 치아가 이렇게 많이 방치되고 있는 것은 안타까웠다.

그래서 생각해 보니, 요즘의 개원가 환경이 많이 변했다. 개원가에서는 보험 치료인 아말감 충전을 거의 취급하지 않고, 많은 경우 비싼 금-인레이만을 취급한다는 것이다. 그 결과 노동자들이 충치 치료를 받을 수가 없게 되었다. 개원가에서 아말감을 취급하지 않는 것은 심히 부당하다. 나는 이런 사실을 책으로 써서 사회에 알려야 한다고 생각했다. 값싸고 튼튼한 충치 치료 재료인 아말감은 복권되어야 한다.

　일부 개원가에서는 아말감이 해롭다는 핑계로 아말감을 기피하는데, 그것은 과학적 진실이 아니다. 인체에 해롭다는 아말감을 복지부가 허락했다면 복지부 장관부터 책임져야 할 것이다. 아말감은 수백 년 동안 유럽, 미국 등 전 세계에서 개발해 온 재료로서 지금까지 인류를 충치로부터 지켜왔다. 그런 아말감이 갑자기 최근에 해로운 물질이 되었다는 말인가.

　또한 요즘 젊은이들의 치아검진을 해보면 발치된 치아를 쉽게 볼 수 있는데, 요즈음 개원가에서 치아를 너무 쉽게 빼기 때문이라 생각한다. 임플란트가 도입된 이후로 만연한 풍조이다. 과거에는 치과의사들 사이에서 '치아 살리기 운동' 같은 것도 있었는데, 이제는 그런 운동도 너무 무력하다. 빼지 않아도 될 치아는 빼면 안 된다는 지극히 상식적인 원칙이 무너져 가고 있다. 요즘 개원가가 지나치게 상업화된 현실을 보고 나라도 이런 문제점을 지적해야겠다고 마음먹었다.

나는 예방치과 전문가로서 수십 년 동안 수돗물 불소화 사업을 연구 홍보해 왔다. "충치가 줄어들면 치과의사에게 손해 아닌가."라는 질문에 답하기 위하여 우리는 "치과의사가 돈을 못 벌더라도 충치가 발생하는 것을 막아야 하고, 충치 예방을 위해 노력해야 한다."라는 당연한 사명감으로 일해 왔다.

오늘날 치과계가 과잉진료와 상업화로 국민의 손가락질을 받고 국민으로부터 의심을 받고 있지만, 더는 그래서는 안 된다고 생각한다. 치과의사는 당연히 국민의 신뢰를 회복해야 한다. 이 책이 오늘날 일부 타락하고 상업화되고 과잉진료가 판치는 치과계에 경종을 울리고, 경제적으로 힘든 사람도 떳떳하게 치과 치료를 받을 수 있게 하는 데 도움이 되었으면 좋겠다.

2023년 11월, 동대문 밖 낙산 우거에서 김광수

1. 건강검진 치과의사의 보람

2년째 출장검진

나는 건강검진 치과의사이다. 지금 직장에서는 2022년 11월부터 일했으니 1년 가까이 일한 셈이다. 이 건강검진은 국민건강보험에서 실시하는 것이다. 모든 대한민국 국민은 2년에 한 번씩 정기 건강검진을 받아야 하고, 특수검진을 받는 노동자는 직업병 발견을 위해서 매년 검진을 받아야 한다. 이 정기건강검진의 시스템은 두 가지인데, 원내검진과 출장검진이다.

원내검진은 피검자가 검진센터에 직접 와서 받는 것으로 더 안정된 조건과 환경에서 여유롭게 검진을 받을 수 있다. 가끔 길 가다가 건강검진센터 간판을 볼 수 있는데, 인터넷 검색으로 쉽게 찾을 수도 있다.

다른 하나는 출장검진인데, 사업장에서 근로자나 직원의 편의를 위해서, 혹은 수검률을 높이려고 한다. 노동자들의 경우 우리가 출장을 가서 직접 작업장(일터)에서 검진하지 않으면 실질적으로 검진을 포기하는 사람들이 대부분이기 때문에 '출장검진'이라는 제도를 시행한다.

우리가 출장을 나가서 검진하지 않으면 그 사람들은 그냥 검진을 포기한다. 돈 문제이기도 하지만, 그날 출근을 포기해야 하는데 그러기가 쉽지 않기 때문이다. 그래서 출장검진은 사업주가 우선 원하고, 또 직업병 관련 특수검진(청력, 폐활량, 소음분진, 특수유해물질 등등)은 사업주가 의무적으로 시행해야 하기에 우리에게 출장검진을 요청한다. 내가 하는 일은 바로 이 출장검진이다.

먼지 구덩이 건축현장에서 하는 검진

보통 출장검진 버스는 새벽 5시에 출발한다. 집에서는 4시 반에 떠나야 하고, 그러자면 새벽 4시에는 깨어야 한다. 그래서 전날 늦게 자지도 못하고, 술도 마시지 못한다. 하루하루가 그러하다. 팀원은 15명쯤 되는데, 어느 한 사람이 단 5분이라도 늦으면 비난이 쏟아질 것이다. 그래서 새벽 집합에는 다들 무척 긴장한다. 그렇게 해서 한 시간 반쯤 이동하면 현장(대개 건축 공사장)에 도착하는데, 거기서 이동 진료실을 설치(우리는 보통 세팅이라고 한다)하는데 30분 걸린다. 아무튼 7시 전에는 모든 준비가 끝나야 한다. 그때쯤이면 벌써 피검자(노동자)들이 모여 웅성웅성거리고 있다.

우리가 늦으면 안 되는 이유는 이 사람들은 밤샘으로 야간작업을 한 사람들이거나, 혹은 혈액검사를 위해서 전날부터 밥을 굶은 사람들이다. 빨리 건강검진을 받고 집에 가서 자거나, 아니면 아침밥을 먹어야 하는 사람들이다.

여름에는 해가 길어져서 좀 낫지만, 겨울에는 이 모든 것을 깜깜할 때 다 해야 했다. 일출 시각이 7시 반이니까, 한참 검진을 한 후에야 서서히 해가 뜨기 시작한다. 지난겨울에는 매우 힘들었다. 경차 모닝을 직접 몰고, 네비게이션 하나에 의지해 깜깜한 초행 시골길을 운전했다. 길을 모르니까 헤매다가 신호등을 못 봐서 교통사고도 여러 번 날 뻔했고, 구덩이에 처박힐 뻔도 했다. 안 보이니까. 지금은 팀원과 함께 검진 버스를 타고 다닌다.

겨울에 추운 것은 당연하지만, 새벽에는 더욱 춥다. 그런데 현장에 도착하면 더 춥다. 흔히 아파트 공사장에서는 '안전교육장'이라고 하는 임시막사 같은 데서 검진을 진행하는데, 건축 중인 아파트의 지하 2층, 3층쯤의 주차장 공간쯤에 위치한다.

물론 난방은 거의 없다. 시멘트 먼지 구덩이 속에서 일한다.

문이라도 좀 닫아 주면 좋은데, 문을 닫을 수 없다. 피검자들이 길게 줄을 서서 들락날락해야 하기 때문이다. 치과 검진이 접수대 바로 옆에 있는 날이면 맞바람을 바로 맞으니 더욱 춥다. 이렇게 12시까지 진행한다. 7시보다는 8시가 더욱 춥다. 일출 직후가 가장 춥다고 한다. 문 바로 옆에서 일하는 접수대 요원들은 나보다 훨씬 춥다.

또 힘든 것은 적체 없이 검진을 빨리 끝내주어야 한다는 것이다. 그러니 대원 모두가 쉴 사이가 없다. 이런 일이 매일 계속되니 우리 대원들의 건강이 걱정된다. 하루 이틀이 아니라 매일 해야 하기 때문이다. 오래 계속하는 사람이 많지 않은 것은 아마 그 때문일 것이다.

예방치과의사의 보람

피검자 중에는 이런 건강검진을 쓸데없다고 귀찮아하는 사람들이 많다. 우리 중에도 "그저 검진만 하고 치료를 해주지 않는다면 무슨 소용 있나?" 하는 생각을 하는 경우도 때로는 있다. 그러나 검진이란 매우 중요하다. 질병을 조기 발견하는 것이 중요하지만, 검진을 거듭함으로써 건강과 조기 발견의 중요성을 깨우쳐주는 교육 효과도 크다. 또 경제적으로 어려운 사람들이 짧은 순간이라도 의사와 직접 대면할 기회를 준다. 그때 조언과 자문을 하고, 교육도 해준다. 일종의 예방효과인데, 예방이 치료보다 비용편익비율(이른바 B/C, cost-benefit ratio)가 수십 배, 수백 배 된다는 것은 익히 알려진 사실이다. 이런 것이 예방치과의사로서 나의 보람이다.

검진이 필요 없고 귀찮다는 사람 중에는 여유 있는 사람들이 많다. 이미 병원에 가서 치료 다 받고, 예방 다 하고, 검사 다 한다는 것이다. 그건 사실이다. 그러나 '개원가'의 치료가 늘 옳은 것만도 아니지만. 실제로 건강검진은 병원에 갈 수 없는 어려운 사람들에게 훨씬 필요한 것이다. 자신에게 필요가 없다고 해서 전체 사회적으로도 필요 없다고 생각하는 것은 오류이다.

2. 청주 SK하이닉스 공장에서의 나날들

금-인레이의 단점

지난해 봄에는 청주에 있는 SK하이닉스 공장에서 직원들을 대상으로 구강검진을 했다. 메모리 생산 공장이다. 여기 직원들은 30~40대 젊은이들로 구강 상태가 매우 양호했다. 거의 충치가 없고, 충치 있는 치아는 예외 없이 금-인레이gold inlay로 치료되어 있었다. 아말감 충전은 보기 힘들었다.

나는 웬만한 충치 치료는 아말감Amalgam으로도 충분하다고 생각한다. 아말감은 매우 우수한 재료이다. 그리고 건강보험의 혜택을 받아서 본인 부담은 치아 하나에 약 1만 7천 원쯤 든다. 반면에 금으로 때운다고 하는 금-인레이는 건강보험 혜택이 안 되며, 요즘 시중에서는 충치 하나를 충전하는 데 40만 원쯤 든다. 그러니 구태여 비싼 금-인레이를 해야 할 경우는 많지 않다.

인레이를 할 필요가 있는 경우는 어떤 경우인가. 옆 치아와 접촉되는 부분(인접 면)에 충치가 있는 경우이다. 이때는 아말감 충전을 하면 인접 치아와의 접촉이 좋지 않아서 음식이 치아 사이에 끼일 수 있다. 그러나 이 경우에도 아말감으로 잘 때우면 대부분의 문제는 해결된다.

금-인레이로 치료하는 경우 치과의사가 하는 일을 살펴보면,

① 충치를 제거하고

② 금이 들어갈 수 있는 모양의 홈을 치아에 판 다음에

③ 치아 모양 본을 떠서

④ 기공실에서 금-인레이를 주조하여

⑤ 나중에 환자의 치아에 끼워주는 것이다.

그런데 금-인레이의 단점은 꽤 많다.

인레이란 다른 물질을 치아에 박는다는 뜻으로, 한자로는 상감象嵌이라고 한다. 상감청자의 그 상감이다. 그래서 인레이는 우선 치아를 많이 깎아야 한다. 이것이 치아에 아주 해롭다. 그리고 이 인레이가 나중에 빠지게 되면 치아의 파괴는 훨씬 커진다. 크지 않은 충치를 때우는 데도 금-인레이는 불리하다. 빠지기가 쉽기 때문이다.

보기 드문 아말감

반면에 아말감은 치아에 직접 다져 넣는 경우이기 때문에 아말감이 빠지는 일은 거의 없다. 다만 아말감은 세월이 오래되면(10년 이상) 낡아서 표면이 보기 흉해지고, 가끔 깨지기도 한다. 그러나 그러면 다시 때워주면 되는 것이다. 무엇보다도 아말감은 값싸고 때우기 쉽기에 10년 후에 다시 때운다고 해도 별로 문제 될 것이 없다.

나는 평소에 아말감 치료를 주로 해 왔고, 금-인레이는 거의 하지 않았기 때문에 요즘 젊은이들이 금-인레이 치료를 많이 했다는 데 매우 놀랐다. 이들의 치아에는 실제로 금으로 할 필요가 전혀 없는 1면 충치(즉, 씹는 면에만 일부 충치가 있는 경우)에도 예외 없이 모두 금으로 때워져 있었다. 과연 경제대국이었다. 대한민국의 똘똘한 30~40대 젊은이들의 입안은 칙칙한 아말감이 아니라 모두 금으로 반짝거리고 있었다. 그러나 전혀 비싸게 할 필요가 없는 치아들이 모두 금으로 장식되어 있었는데, 과연 이들이 부자라서 그런 것일까?

나는 두 가지 경우가 다 해당한다고 본다. 하나는 젊은이들 사이의 사치 풍조이다. 실제로 젊은이들 사이에서 금-인레이만 보아오니까 어느새 그들에게 금이 멋있다는 생각이 들 텐데, 심지어는 나조차도 몇 달 동안 금-인레이를 보니까 그런 생각이

드는 것이다. "햐~ 금이 좋긴 좋다…" 그리고 자기 입안에 해 넣는 것인데 당연히 금으로 멋지게 해 넣어야 하지 않겠는가 하는 생각이 들 법도 하다. 그러나 이런 풍조 자체가 젊은이들 사이에서 퍼지고 있는 일종의 사치풍조 아닌가 싶다.

다른 한 가지 경우는 치과의원에서는 요즘 아말감을 거의 취급하지 않는다는 것이다. 충치 치료를 할 때 아말감이라는 재료는 처음부터 이야기하지 않고, 당연한 듯이 금-인레이 얘기만 하는 것이다. 환자는 모르니까 당연히 비보험으로 40만 원짜리 금-인레이를 해야 한다고 생각하게 된다. 처음부터 선택의 여지가 없게 하는 것이다. 일부 치과에서 과잉진료로 그렇게 한다는 얘기는 종종 들었으나, 이토록 금-인레이가 만연한 줄은 몰랐다. 일부가 아니라 전부인가 싶기도 했다. 그렇다면 환자는 건강보험으로 우수한 재료인 아말감 충전을 할 권리가 처음부터 박탈되는 것이다.

늙은 노동자들의 틀니를 보면서

하이닉스 일이 끝나고 나는 실업자가 되었다. 구직 사이트에서 일감을 찾아 전화를 걸어서 얘기를 들어보니, 저쪽 응답이 "청주 하이닉스에서 구강검진을 하는 일"이란다. 깜짝 놀라서 "아니, 제가 그 청주 하이닉스에서 오늘까지 일하고, 오늘 일이 끝났는데요?" 했더니, "그건 제3공장이고, 지금 해야 할 곳은 제4공장"이란다. "아, 제4공장도 있어요?" 해서, 당장 다음날부터는 제4공장으로 출근하기 시작했다.

그런데 여기는 직원을 검진하는 일이 아니고, 제4공장 신축 공사 현장에서 일하는 노동자를 검진하는 일이었다. 매일 임시로 지은 좁아터진 건물에서 노동자들을 검진하는데, 에어컨 없이 모든 창문을 열어놓고 검진을 한다. 노동자들은 7월 삼복더위에 헬멧과 작업화로 무장하고 떼를 지어 들어온다. 이들은 더워서 땀을 철철 흘리며 서로 선풍기 다툼을 하기에, 나는 선풍기 바람 쐴 기회조차 없다. 그래 봐야 더운 바람이지만…. 그렇게 지난 여름 한 철을 지냈다.

그런데 이 노동자들의 구강 상태를 보며 더욱 놀란 것은, 50대 중에도 전체 틀니 환자가 그토록 많다는 것이다. 일반 사회에서는 그 나이에 틀니 환자가 거의 없다. 그런데 여기는 50~60대에 틀니를 쓰는 사람이 너무 많다. 틀니를 5년, 10년 이상 쓰니 이들에게는 틀니 자체가 일상이다. 틀니가 당연한 것이다. 하이닉스의 제3공장과 제4공장은 어찌 이리도 다른 것인가.

더욱이 이들 노동자 중에는 젊은 사람이 아니라, 60대의 장년층, 노년층이 매우 많다는 것이다. 젊은 사람들은 다 어디 가고 이런 노인이 힘든 육체노동을 해야 하는가, 다시 한번 놀란다. 육체노동은 힘 좋은 젊은이들이 하는 것 아닌가? 자식들이 30대일 나이의 사람들이 매일 힘든 노동을 한다.

틀니는 거의 사라진 줄 알았는데

노동은 힘들다. 더운 여름에 땀을 뻘뻘 흘리면서 노동을 하는데, 이들에게는 치아조차도 변변히 없다. 어째서 이들은 이런 고생을 해야 하는지. 그래도 이들이 인생을 비관하여 술 마시고, 노숙하고 인생을 포기하지 않는 것이 대단하다. 할 수 없어서 하는 일이라지만, 힘든 일 멀리하고 부모에 의존해 사는 젊은이들보다야 훌륭하지 않은가. 그런데 이들은 대한민국 국민이다. 중국, 베트남, 캄보디아, 몽골 사람들이 꿈을 찾아 대한민국으로 오는데, 정작 대한민국 국민의 모습은 이러하다. 이제는 거의 사라진 줄로만 알았던 틀니를 여기서 이렇게 많이 볼 줄은 몰랐다.

이렇게 지난해 봄에는 젊은 사무직 직원의 반짝반짝하는 금니를 보면서, 그리고 여름에는 땀으로 범벅된 늙은 노동자들의 틀니를 보면서 지냈다. SK하이닉스는 삼성전자와 함께 대한민국 경제성장의 상징이다. 지난해 제3공장을 다닐 때만 해도 제3

공장이 너무 멋있어서 감탄하고는 했다. 그런데 제3공장이 모자라서 더욱 최신식으로 제4공장을 짓는다니, 과연 대단한 대한민국이라고 생각했었다. 그런데 경기가 불황이라 그런가 제4공장 신축이 중단되었다. 잘나간다고 해도 언제까지 잘나갈지 알 수 없는 일이다.

3. 의사마다 다른 충치 개수

없는 충치도 만들어내는 고무줄 충치

구강검사를 하고 나서 피검자에게 "괜찮습니다. 충치 없네요." 하면 "어, 치과에서 충치 치료 예약했는데요?" 하는 경우가 있다. 그래서 다시 보면(물론 내가 잘 못 볼 수도 있겠지만), 대개는 치료할 치아가 없다. 피검자의 표정이 당혹스럽다. "그래요? 정말요?" 하며 얘기는 끝나지만(다음 검사 차례가 기다리고 있으니까), 피검자로서는 뜻밖의 경험이다. 어느 의사 말이 맞는다는 것인가?

또 구강검사를 하기 위해 입을 벌리라고 하면, 피검자가 먼저 "충치 치료 예약해 놓았는데요." 하는 경우가 있다. 대개 사람들은 자신의 열악한 구강 상태 보이기를 꺼리고, 먼저 방어를 한다. "그러세요?" 하고 구강을 보면 치료할 치아가 별로 없는 경우도 흔하다. 누구 말이 맞는 것일까? 두 치과의사의 차이는 무엇일까? 가장 큰 차이는 한쪽은 '충치가 많을수록 돈을 번다.'라는 것이다.

요즘은 전보다 사람들에게 충치가 별로 많지 않다. 또 치과에서 충치 따위 때워서는 돈이 안 된다. 그런데 이건 아말감의 경우이다. 그래서 상업성 치과에서는 아말감 충전을 피하고, 가능한 한 금-인레이 충전을 하려고 한다. 물론 이것은 보험 혜택을 받지 못하는 것으로 치아 당 40만 원 내외의 치료비가 든다. 그런데 구강에는 대개 충치가 하나만 있지 않다. 없는 사람은 없지만, 있는 사람은 여러 개씩 있다. 그러니까 4~5개의 충치가 있는 경우 건강보험(아말감)으로 하면 10만 원 이내로 가능하지만, 금-인레이로 한다면 수백만 원이 든다. 어느 것으로 해야 할까? 당연히 부자가 아니라면 아말감으로 해야 한다.

충치 많다는 의사는 금-인레이 좋아해

아말감과 인레이의 차이가 없나? 금이 아무래도 더 좋은 것 아닌가? 치과의원에서는 금-인레이를 권할 때 "금이 아무래도 더 좋지요."가 가장 쉽게 애용되는 표현이다. 금이 과연 좋은가? 적어도 내가 알기로는, 그리고 내가 학생들에게 강의하기로는 금이 아말감보다 좋은 경우가 많지 않은데, 그것은 전체의 20%를 넘지 않는다. 또한 단점도 매우 많다. 지금 말하는 금은 금-인레이 충전gold inlay filling을 말하며, 치아 전체를 덮어씌우는 금관gold crown이 아니다. 문제는 금이 더 좋다고 하면서, 금으로 하지 않아도 될 곳을 모두 금으로 한다는 것이다. 환자는 모르니까.

간단히 말하면, 씹는 면 한 면이나 크기가 작은 경우 당연히 아말감이 좋다. 그런데 옆 치아와 접촉되는 면(인접 면)의 충치에는 금-인레이가 좀 더 낫다. 금으로는 인접 치아와의 접촉contact을 좀 더 잘해줄 수 있다. 그러나 아말감으로도 대부분 가능하다. 그보다 더 많이 상한 치아의 경우는 아예 모두 다 씌워 주는 인공치관crown을 해야 한다.

금-인레이의 가장 큰 단점은 입 밖에서 금 모양을 주조해서 치아에 끼우는 것이기 때문에 자기 치아를 훨씬 더 많이 깎아야 한다는 것이다. 그러니 비싼 인레이를 구태여 할 필요가 있는가는 치과의사가 판단해야 한다. 문제는 금-인레이를 필요로 하지 않는 경우에도 무조건 인레이가 좋다고 하는 풍조가 심하다는 것이다. 심지어는 아예 아말감을 하지 않는 치과도 많이 늘어났다. 아말감을 해주는 치과가 드물 정도이다. 나는 충치 예방 전문가로서 예방사업을 해 왔지만, 없는 충치까지 만들어서 금으로 때우는 작금의 개원가 풍조를 보면 정말 허탈하다.

내 주위에서 친지나 친척들이 가끔 물어온다. "아이가 치과에 갔더니 충치가 여섯 개라고 해요. 원래 충치 없는 줄 알았는데, 어떻게 된 거죠?" 그래서 "한번 데리고 병원에 와 보세요." 해서 검진을 해보면 충치가 거의 없는 경우가 종종 있다.

그런 얘기를 하는 치과일수록 아말감은 얘기하지 않고, 금으로 때워야 하고 몇 백만 원이 든다고 한다. 없는 충치를 때워가면서 돈벌이하는 치과가 아말감을 얘기할 리 없다. 이는 나만 겪는 일도 아니다. 동료 치과의사들도 오래전부터 겪어온 일이다. 이는 치과의사 사회의 치부인데, 그냥 알면서도 덮어 왔다. 지금도 많이 자행되고 있다.

사실 이 얘기는 비밀도 아니다. 공공연하게 알려진 사실이다. 그리고 매우 많은 시민은 이런 사실을 알고 있다. 결국 선량한 치과의사들까지 의심받고, 전체 치과계가 불신받게 된다. 치과의원이 이렇게 과잉진료를 하고, 돈벌이 목적으로 안 해도 되는 검사, 안 해도 되는 진료를 하고 있다는 것은 세상에 이미 잘 알려진 일이다. 나는 그저 내 경험상 그것을 좀 더 구체적으로 말할 뿐이고, 여러 치과 의사도 공개적으로 말은 하지 않지만 이런 현실을 대체로 인정하고 있다.

치과업계 '영업 비밀' 폭로하는 이유

내가 다른 치과의사들로부터 따돌림을 받을 위험을 감수하면서도 이런 '영업 비밀'을 누설(폭로)하는 것은 무슨 이유인가.

첫째, 일반 국민의 치아와 주머니를 보호하기 위함이고,

둘째, 더는 모든 치과의사가 국민의 불신을 받는 사태까지 가지는 말아야 한다고 생각하기 때문이다.

나는 예방치과 전문의사로서 "치과계가 이렇게 타락해도 되는가."라고 생각한다. 추가로 좀 전문적인 얘기를 해보자면, 실제로 어떤 치아가 "충치냐 아니냐." 하는 판정은 어려운 점이 있다. 그런데 그것은 초기 충치의 경우이다. 검사하는 치아가 충치가 아닐 수도 있고, 초기 충치일 수도 있다. 치과의사도 판정하기 어려운 점이 있다. 그런데 (예방 치학, 충전 치학의 입장에서 보면) 충치가 아닌 것을 의사의 판단에 따라서 치료했다면 그것은 결과적으로 멀쩡한 치아에 손상을 주는 것이다. 둘째로, 초기 충치라고 해도 더이상 충치는 진행되지 않는 경우가 많다. 그것을 정지 우식증arrested caries이라고 한다. 셋째로 충치는 초기에는 매우 완만히 진행된다. 즉, 초기 충치에서 중기 충치로 가는 데 적어도 3~4년 이상 걸린다. 이는 무슨 뜻인가? 의심스러운 충치는 치료하지 말라는 것이다. "초기 충치라도 더욱

확실히 충치가 확인된 후에 치료에 들어가라." 이것이 교과서에 나와 있는 규칙이다. 의심스러운 충치나 초기 충치는 치료하면 안 된다는 뜻이다.

자, 이제 결론이다. 그러니 일반 환자들은 어떻게 해야 할까. 나는 환자들에게, 그리고 주민들에게 "치아 검사를 받을 때는 치과 세 군데를 다녀보고 결정하라."라고 권한다. 이는 '전통적인 환자-의사 간의 신뢰 관계'에는 좋지 않은 태도이다. 그러나 어쩌랴. 국민들이 이렇게 하지 않을 수 없게 만든 것은 의사들 자신이다.

4. 신경치료보다 임플란트 선호하는 이유

무 뽑듯이 쉽게 뽑는 이

직장 구강검진을 하다 보면 치아가 대량으로 결손된 사람들을 자주 만나게 된다. 노인이라면 몰라도 젊은 사람도 그런 경우가 흔하다. "아니 왜 이렇게 치아가 많이 없어지셨어요?" 그러면 대개는 "싹 빼고 임플란트 해 넣으려고요."라는 반응이 온다. 아무리 그래도 그렇지, 이건 결손치가 너무 많다. 그런데 그런 사람들이 심심치 않게 많다. 이건 무슨 현상인가? 전에 보지 못하던 치아 상태이다. 왜 이렇게 사람들이 치아를 많이 뽑을까?

과거에는 환자건 의사건 치아를 뽑지 않고 하나라도 치료해서 살리려고 애를 썼다. 우리 세대의 치과의사들은 충치를 때우고, 신경치료 하고, 그다음에 치관이 파괴될까 봐 인조치관(소위 크라운)을 해 씌워 주는 일이 진료의 대부분을 차지했다. 치과의사가 하는 일이 대부분 망가진 치아를 살리는 일이었다. 심지어 우리는 뿌리만 남은 치아를 어떻게 살릴 수 있는가에 관해 공부하고 노력했다. 뿌리 끝에 고름이 잡혀서 거의 빼야 할 지경이 된 치아를 빼지 않고 어떻게 잇몸 부위로 배농을 시키고 환부를 적출해서(소위 치근단 절제술이라고 한다) 살리느냐를 가지고 실력 있는 의사라고 뽐내기도 했다.

그런데 요즘 내가 검진하는 회사원, 노동자들의 구강을 보면, 치료 중인 치아, 신경치료를 하는 치아를 거의 볼 수 없다. 그렇다면 이건 무엇을 뜻하는가? 요즘 치과의원에서는 많은 경우 치아를 살리려고 노력하지 않고 그냥 발치한다는 뜻이다. 그런데 이게 옳은 일일까? 이들이 그냥 손쉽게 발치하며 내세우는 이유는 "이제 임플란트가 발달했으니까." 그리고 "임플란트도 많이 싸졌으니까 힘들게 살릴 필요가 없다."라는 것이다. 또 "치료해 봐야 얼마 못 간다."라고도 한다. 물론 변명이다.

신경치료보다 임플란트 선호하는 의사들

대부분의(혹은 모든) 병이 그렇듯이 치료하고 나서 그 치아를 얼마나 오래 쓸지는 지내보아야 아는 것이다. 그리고 의사는 최대한 그 치아를 오래 쓸 수 있도록 노력해야 한다. 그런데도 치료해 봐야 얼마 못 쓰니까 뺀다는 것은 일단 성실한 의사, 성실한 진료라고 보기는 어렵다.

다음으로 임플란트가 좋아졌다고는 하나 아무리 잘 만든 임플란트라고 해도 자기 치아만은 못하다. 과거에는 임플란트를 심어서 5년 이상 가면 성공이라고 했는데, 요즘은 10년 이상 가면 성공이라고 한다. 40세에 임플란트를 했다면 동일한 치아에 80세까지 임플란트를 네 번 다시 해야 한다. 그런데 실제로는 임플란트를 심어서 10년 후라고 해도, 10년 후에 임플란트가 빠지면 대개 그 자리에 다시 임플란트를 심어서 성공하는 경우는 드물다. 대개는 치조골(잇몸뼈)이 녹아(흡수되어) 버려서 더는 임플란트를 심을 수 없게 된다. 즉, "임플란트를 심으면 된다."가 아니라, 임플란트라는 것도 대개는 한 자리에 한 번으로 끝나는 것이다. 그렇다면 대답은 자명하다. 가능한 한 자기 치아를 살려서 5년이든 10년이든 20년이든 더 써야 한다. 이런 너무나도 자명한 이야기를 이렇게 구구히 설명해야 하는 내가 참 딱하다.

그러면 치과의사들은 왜 살릴 수 있는 치아를 다 뽑을까. 그건 한마디로 돈 때문이다. 치료해서 살리려면 힘만 들고 돈도 못 버니까, 이 뽑고 임플란트로 수입을 올리려 하는 것이다. 간혹

나도 힘들게 치료를 했으나 치아를 오래 못 쓰게 되는 예도 있다. 그럴 때는 힘들게 치료한 나도 입장이 곤란해지고, 환자도 불만일 수 있다. 열심히 여러 번씩 신경치료를 하고 금니를 60만 원 들여서 씌웠는데, 그게 결국은 실패를 하는 때도 있다. 그러니 신경치료 하지 않고 그냥 쑥쑥 뽑는 요즘의 젊은 치과의사들은 편하기도 하겠다.

요즘 의사들은 신경치료를 잘 안 한다. 어떻게 아느냐? 그건 매일매일 내가 검진하는 피검자들의 입안을 보면 알 수 있다. 신경치료 중인 사람이 거의 없다. 반면에 임플란트 치료 중인 사람은 너무 많다. 살릴 수 있는 치아를 요즘 치과의사들이 많이 뽑는다는 얘기를 이렇게 구구히 해야 하는 나도 참 딱하다. 그런데 이런 얘기는 개원의로서는 누워서 침 뱉기이다. 나도 개원의로 평생 먹고살았으니까.

환자는 어떻게 해야 하나

나는 환자들에게 "치아를 살려준다는 치과를 찾아가세요."라고 말한다. 요즘 의사를 불신하는 환자도 많지만, 다니는 치과를 바꾸면 "환자-의사 간의 신뢰에 금이 간다."라고 생각하는 착한 환자들도 많다. 그래도 나는 "치과를 세 군데까지 다녀서 검사를 받고 의사 얘기를 들어보시라."라고 권유한다. 정작 환자가 의사를 못 믿게 만든 것은 의사 자신 때문이다. 말하자면 과잉진료 때문이고, 상업성 진료 때문이다.

마지막으로 내가 괴로운 것은 "네가 치과의사로서 이렇게 동료를(후배 치과의사를) 배반하는 얘기를 하고, 치과의사의 치부를 공개적으로 밝히고 공격해도 되느냐?"라는 것이다. 이 점에 있어서 나는 매우 괴롭다. 내가 치과의사가 아니라면, 그리고 혹은 치과의사라도 교수나 보건소 등 공직에만 있었다면 개원의들의 치부를 밝히는 일에 조금은 더 자유로웠을 것이다. "너는 30년 동안 개원가에서 밥 벌어 먹었고, 동료 개원의들의 협조로 살아왔으면서 은퇴했다고 이제 와서 자기가 먹던 우물 물에 이렇게 분탕질을 쳐도 되는가."라는 말을 들으며, 공개 비판을 하기는 어려운 일이었다. 그래서 나는 지금까지는 이런 치과의사들의 치부 밝히기를 참아왔다.

나의 변심이 그리 떳떳한 것만은 아니로되, 구태여 변명을 하자면 '지금의 개원가 사회가 너무 지나치게 상업화가 되어서 (10~20년 전까지는 그래도 좀 순진했다고 하자) 이제는 누군가라도 치과계의 치부를 고발해야 하지 않겠는가.'라는 생각이 들었기 때문이다. "당신이 지금 은퇴했다고, 후배 치과의사를 이토록 모욕해도 되는가?"라는 질책에서 나는 별로 떳떳하지 못하다. 나 역시 내 양심을 속이고 해 온 것도 여러 번 있지만, 이제 내가 좀 배반자가 되더라도 이런 얘기를 묻어두기보다는 밝히는 것이 낫겠다고 생각하게 되었다. 이것이 내가 사랑했던 개원가를 진정으로 위하는 길이라 여긴다.

5. 충치 없는 젊은 외국인 노동자

외국인 노동자가 더 많은 건설현장

노동현장에 가 보면 외국인 노동자가 한국인 노동자보다 더 많은 것 같다. 직종에 따라서 다르지만 건축 공사장에는 중국인이나 조선족 계열 노동자들이 많다. 반면 시골의 군소공장에는 베트남, 태국, 미얀마, 필리핀, 우즈베키스탄, 인도네시아, 네팔, 스리랑카, 몽골, 러시아 등이 많다.

그동안은 몰랐는데, 충북과 충남은 절대로 농촌 지역이 아니다. 충북 음성군, 진천군은 완전 공업지대이다. 충남 아산시도 물론 공장지대이지만, 그 서쪽의 당진, 예산, 서산도 만만치 않은 공장지대이다. 큰 공장도 많지만 직원 30명 이내의 가내공업 수준의 공장들도 매우 많다. 충남 홍성에서 농촌운동을 하는 변호사 하승수는 정부와 지자체가 의도적으로 지방공단을 너무

많이 공급하여 국토를 황폐화하고 예산을 낭비한다고 개탄한
다.

건축현장에서는 내가 할일이 많다. 문진표를 작성해야 하는
데, 한족(중국인)이나 조선족이라고 해도 우리말을 잘 못하는
사람들이 많아서 문진표를 의사가 직접 작성해야 한다. 그리고
이 사람들은 대개 나이가 많고, 결손 치아가 많아서 구강이 복잡
하다. 결손치가 많으니 자연 상담이나 문진도 길어진다. 이렇
게 해서 치과 검진대의 대기 줄이 길어지면 다른 팀원들이 긴장
한다. 적체되면 안 되기 때문이다.

충치, 풍치는 자본주의 산물

반면에 시골 군소공장에서는 비교적 쉽다. 여기 외국인
들은 대개 나이가 젊고(20~30대), 그리고 공장에 따라서 같은
나라 사람들이 한 직장에 모여 있다. 이 사람들은 대개 치아가
깨끗하다. 그것은 그들이 고향 나라의 농촌 지역에서 자연식을
해 왔기 때문이다. 이들은 도시지역의 가공 음식과 당분 음식을
거의 섭취하지 않았기 때문에 충치가 거의 생기지 않았다.

그래서 치과의사란 도시의 가공음식 문명이 만들어 낸 특수
직종이다. 치과의사가 질병을 퇴치한다고 해도 그 질병, 즉 충

치와 풍치란 것은 원래부터 인류에게 있었던 질병이 아니라 도시 문명과 자본주의가 만들어 낸 것이다. 자본주의가 없다면 충치는 거의 발생하지 않는다. 충치와 풍치 발생의 교과서적 원인은 단연 음식물 때문이다(나는 예방치학 전문가이다). 그것은 자본주의와 도시가 만들어 낸 가공식품과 당분식품 때문이다.

그런데 이 남방의 노동자들이 한국에 와서는 충치가 발생한다. 어쩌다가 충치가 생기기 시작하는 외국인에게 물어보면 한국에 온 지 5~10년 쯤은 되었다고 한다. 그래서 이들에게는 충치가 생겼다고 알려주고 치과에 가서 충치를 치료하라고 일러준다.

세금은 내고 혜택 못 받는 외국인 노동자

어느 정치인이 "외국인 노동자들에게 우리나라 건강보험 진료를 해주는 것은 국가 예산 낭비이다."라고 주장했는데, 이런 사람은 정말 3류 정치인이다. 사실은 우리가 그들의 피 같은 돈으로 혜택받는 것이다. 그들도 월급에서 4대 보험료를 꼬박꼬박 내고 있다. 그러면서도 그들은 우리나라 건강보험 제도의 혜택을 제대로 받지 못하고 있다. 몰라서, 바빠서, 돈이 없어서, 그리고 문전박대 받아서 못 간다. 우리가 그들의 건강보험료를 받아서 CT 찍고, MRI 찍고, 암 치료하고, 죽어가는 사람 생명 연장 치료하는 데 건강보험 예산을 펑펑 쓰고 있다. 이런 문제들도 다 정치가 바로잡혀야 좋아질 수 있다.

6. 국적 알아맞히기

어느 나라 사람?

검진 현장에는 외국인 노동자가 많다. 내국인보다도 더 많다고 느껴진다. 이들과는 의사소통이 잘 안된다는 어려움이 있지만, 그래도 이들 역시 건강보험료를 내고 국내에서 일하는 노동자들이다. 당연히 건강보험의 검진과 치료 대상자들이다. 아파트 공사현장에는 외국인 노동자들이 유독 많은데, 그곳에는 조선족이나 한족(중국인)들이 많다. 그리고 10~30명의 소규모 사업체에도 외국인 노동자가 대부분인데, 대개는 같은 나라 사람들끼리 모여져 있다. 그러나 여러 나라가 섞여 있는 곳도 많다.

매일매일 똑같은 일을 반복하는 것이 지루할 때도 있다. 정해진 시간에 빨리 작업을 소화해야 하므로 달리 무슨 여유도 없다.

작업이 반복되다 보니, 슬슬 재미로 노동자들의 국적 알아맞히기를 한다. 내게는 대면할 노동자들의 이름만 주어진다.

소규모 사업장에는 동남아시아에서 온 사람들이 많은데, 일단 가장 알기 쉬운 것은 영어식 이름이다. 필리핀에서는 영어를 쓰기 때문이다. 필리핀에는 스페인식 이름도 많다. 내가 검진하는 노동자 중에서 영어식이나 스페인식 이름은 필리핀 사람들 이외에는 없다. 가끔 영어식 이름 비슷해서 물어보면 러시아쪽 사람들도 있다. 물론 유리, 미하일 등 독특한 러시아식 이름은 금방 알아낼 수 있다. 이들은 대개 하바로프스크, 블라디보스토크에서 온 사람들이다. 이들은 단 음식을 많이 먹어서 대개는 충치가 많다.

러시아식 이름인데도 한국인과 똑같이 생겼으면 바로 고려인이냐고 물어본다. 그건 성씨에도 나타난다. 한번은 러시아식 이름이고 모습이 한국인과 똑같아서 "고려인이냐?"라고 물었더니 반응이 전혀 아니었다. 생각해 보니 아마도 부랴트나 캄차카 등지에서 온 시베리아인이었을 것이다. '세상이 달라져서 이제는 시베리아인들과도 직접 접촉하는구나.' 생각하니 기분이 묘했다.

동남아 사람(베트남, 캄보디아, 미얀마, 태국)은 모습이 비슷해서 제대로 알아맞히기 힘들다. 베트남 사람들의 이름은 한자식이 많고, 그들 방식의 한자 읽기가 있어서 비교적 알아맞히기 쉽다. 베트남전 당시의 베트남 사람들 사진도 많이 보아왔기에 나름 얼굴 생김새의 특색도 있다. 가장 어려운 것이 미얀마와 캄보디아 사람의 구별이다. 그건 안모와 이름만으로는 전혀 구별이 안 된다. 그냥 집단적으로만 때려 맞춘다. 반면에 태국 사람들에게는 가끔 불교식 이름이 있다. 산스크리트어로 고상한 이름들을 사용하는 것이다. 실제로 태국 어휘의 상당 부분이 인도의 산스크리트어에서 온 것이라고 한다.

같은 동남아 사람인데도 인도네시아 사람은 약간 다르다. 이들은 얼굴이 좀 더 뚜렷한 회색 계열인데, 이슬람식 이름을 흔히 발견할 수 있다. 이슬람 성자나 아랍에서 흔한 이름을 그대로 쓴다. 인도네시아 여성들은 히잡을 쓰기 때문에 쉽게 알아볼 수 있는데, 내가 검진하는 사람 중에 여성은 거의 없다. 인도네시아 사람과 말레이시아 사람은 실질적으로 구별이 불가능하지만. 경제 수준이 높은 편인 말레이시아 사람은 우리나라 노동현장에는 별로 없다.

동남아인, 충치 발생 적은 이유

이들 동남아 사람들을 검진하기는 매우 쉽다. 이들에게

는 충치가 거의 없다. 나이가 젊으니 당뇨나 고혈압 같은 질병도 거의 없다. 이들은 술 담배도 거의 하지 않는다. 경제적으로 한 푼이라도 아껴야 하니 간식이나 음주로 인한 낭비를 줄여야 한다. 돈을 적게 쓰니 해로운 음식도 덜 먹게 된다. 이들에게 충치가 없는 것은 무슨 까닭인가? 인종적인 유전이 있는가? 이를 잘 닦아서 그런가? 그렇지 않다. 이들은 거의 가난한 농촌 출신이기 때문에 그렇다. 충치 발생의 가장 중요한 요인은 음식물이다. 음식물 중에서도 두 가지인데, 당분과 점착성이다.

우선 당분이 많은 음식이 충치 발생의 결정적 요인이다. 충치균(S. mutans균)이 치아의 표면에 붙어살면서 당분을 분해한다. 이 과정에서 나온 결과물이 산 성분인데 이 산(주로 유산, lactic acid)이 치아를 녹이는 것이다. 마치 산성비가 오래 내리면 고대 그리스, 로마의 건축물들이 녹아내리는 것과 같다. 사람들이 먹는 당분의 종류는 여러 가지인데 충치균이 가장 좋아하는 것은 설탕(자당)이다. 대개 빨리 쉽게 분해되는 순서로, 즉 입에서 느껴지는 당도의 순서대로 충치가 잘 발생한다. 그러니까 당분이라고 해도 대표적인 주식물인 밥이나 빵, 옥수수 등은 그 영향이 덜하다. 그러니까 당분이라고 해도 농촌에서 밥만 먹는 사람들에게는 충치가 거의 없다.

설탕은 열대성 작물로 식민지 시대 이후 카리브해나 인도네시아에서 대량으로 재배되었다. 실은 식민지 시대의 가장 중요한 작물이 설탕이었다. 인류를 파괴한 식민지 비극의 주범은 설탕이다. 식민지 비극의 원인 제공자가 설탕이다. 백인들은 카리브해에서 사탕수수를 재배하기 위해서 아프리카의 흑인들을 사냥해서 배로 실어 갔다. 인터넷 서점에서 '설탕'만 쳐 보아도 이런 생생한 역사를 잘 알 수 있다. 설탕이야말로 근대 도시 문명의 산물이다. 그리고 그 생생한 증거가 충치이다.

설탕을 안 먹는 사람에게는 충치가 거의 발생하지 않는다. 동시에 치과라는 직업도 설탕과 함께 생겨난 것이다. 그러므로 치과의사는 '대항해 시대'의 산물이요, 문명의 부산물이라고 할 수 있다.

충치 발생의 두 번째 요인은 식품의 점착도이다. 그런데 근대 도시 문명의 발달에 따라서 사람들이 먹는 식품도 점점 부드럽게 되었다. 식품은 가공 과정을 거치면 거칠수록 부드러워진다. 자본주의적 생산이란 자연을 가공하는 것이다. 그러니 자본주의 생산 과정이 발달하면 발달할수록 식품도 따라서 부드럽게 된다. 이렇게 부드럽게 된 음식물은 치아 표면에 쉽게 달라붙고, 좀처럼 제거되지 않는다. 농촌에서 거친 음식물을 먹고 생활하게 되면, 설사 음식물이 치아 표면에 붙는다고 해도 질긴 섬유질 덕분에 저절로 잘 닦여나가게 된다. 이를 자정작용이라고 한다. 치아 표면에서 잘 씻겨나가는 부분에는 충치가 잘 발생하지 않는 것도 이 자정작용의 증거이다. 각설하고.

아파트 공사장에서도 기도하는 이슬람 사람들

인도 아리아 계열 사람들은 일단 얼굴이 더 검고, 특히 입 주위에 수염을 많이 기른다. 스리랑카, 네팔, 방글라데시 사람들이다. 그러나 노동자로서 인도 사람은 거의 못 본 것 같다. 이세 나라 사람들은 종교가 각각 다른데, 외모나 이름으로 구별이 안 된다. 네팔은 힌두교도가 많으므로 인도식 이름이 더 많고, 방글라데시는 이슬람인데도 이슬람식 이름은 별로 못 보았다. 이슬람 사람들은 하루에 다섯 번씩 메카 쪽을 향해서 기도한다. 한번은 아파트 공사장 지하 시멘트 구덩이 구석에서 맨바닥에 혼자 엎드려 기도하는 사람을 보았다. 실례가 될 것 같아 사진을 못 찍었다.

이 인도 계열 사람들도 얼굴 생김새가 우리에게는 낯설고, 얼굴이 검고 수염을 많이 길러서 일견 불량하거나 거칠게 느껴진다. 그러나 이들의 입안을 보면 치아가 너무나 고르고 깨끗하다. 치아만 놓고 볼 때 이들이 참 순진한 어린이처럼 느껴진다. 도시 생활을 모르고 농촌에서 그저 자연식만 먹고 자라온 사람들이기 때문이다.

아파트 공사장에는 조선족과 중국인(한족)이 많다. 그런데 성씨를 보면 우리 동포가 분명한데도 우리말을 못 쓰는 사람들이 의외로 많다. 이럴 때는 반갑다가도 실망스럽다. 그러나 연변 조선족 자치주라 해도 우리말 사용에 사회적 제약이 많고, 각종 정부 시험이나 승진에도 중국어에 많은 비중을 둔다고 하니 이들을 탓할 수만도 없는 일이다. 한편 검진기록부에 써진 중국식 이름을 보고 우리말을 못하리라고 생각했는데 우리말을 잘하는 사람들도 많다. 이들은 대개 우리나라에 들어온 지 오래된 사람들이다. 우리나라로 들어온 사람은 아마도 농촌이나 시골 출신(농민공)이 아닐까 싶다.

외국인 노동자 없으면 공장 문 닫아야

이렇게 우리나라에는 외국인 노동자들이 많다. 이들이 없다면 우리나라 공장이 어떻게 돌아갈지 걱정스럽다. 이미 '외국인이 없다면 농사는 못 짓는다.'라는 얘기가 나온 지 오래되었다. 수많은 공장이 부도 직전이라는데, 그나마 외국인 노동자들 때문에 버티고 있을 것이다. 회사 경영이 튼튼하면 외국인 노동자 없이 내국인 노동자만으로도 유지될 수 있을지 모른다. 그러나 지금 그럴 수 있는 제조업 회사는 거의 없을 것이다.

코로나19 이후 자영업의 위기라고 하는데, 식당이나 가게에서도 외국인들이 없다면 당장 대부분 문을 닫아야 할 것이다. 외국인 노동자들의 국내 체류를 단속한다고 하는데, 단속할 것이 아니라 국외로 돌아가려는 외국인 노동자들을 정책적으로 가지 못하게 붙잡아야 하는 것 아닌가 하는 생각이 든다. 이들이 다 나간다면 당장 우리나라 경제(생산 부분)는 완전히 정지될 것이다.

우리나라가 현재 인구 감소 걱정을 하지만 인구 감소는 막을 수 없는 현상이다. 신혼부부들을 돈 일이백만 원으로 유인한다고 될 일도 아니고, 애국심으로 강요할 수도 없는 일이다. 어차피 우리는 외국인들과 함께 살아야 할 운명이다. 프랑스 국민 중에는 북아프리카 출신 흑인이 17%라고 한다. 이미 우리가 알고 있는 프랑스가 아니다. 미국은 흑인이 13%이고, 멕시코, 카리브해 계통의 히스패닉이 19%이다. 이들 둘을 합치면 32%이다. 몇 년 후에는 캘리포니아주에서 백인 인구가 50%에 못 미친다고 한다. 현재 우리나라에 외국인이 4%라고 하는데, 미신고자들을 합치면 훨씬 더 많을 테고 앞으로 더 늘어날 것이다. 그러니 우리도 추방만 할 것이 아니라 외국인들과 함께 사는 법을 배워야 할 것이다.

더 늘어날 외국인 노동자

한국인들이 과거 미국으로 살길을 찾아갔을 때, 이들이 겪었던 고통을 생각해 보자. 어차피 이들이 아무리 고생스러워도 한국으로 다시 돌아오기는 힘들다. 아마도 국내 외국인 노동자들도 그렇지 않을까? 외국인 노동자들이 앞으로 더 늘 수는 있어도 이보다 더 줄 수는 없을 것이다. 그렇다면 이들도 올바른 한국인으로 키워내도록 해야 하지 않을까? 우리나라로 오는 사람들을 쫓아내고, 그러면서 인구소멸을 개탄하는 것이 옳은 일일까? 진 세계적으로 인구가 늘어 문제라는데, 자국의 이익만을 생각해서 한국인 순종만 늘려야겠다는 게 옳은 정책일까?

충남 아산시 음봉면에 '마하 위하라'라고 하는 스리랑카 사찰이 있다. 설립자는 담마끼티 스님. 이분은 스리랑카 스님으로 최고의 지위에 오른 후 영국에서 박사학위를 받고, 다시 우리나라에 와서 동국대학교 불교대학에서 박사학위를 받았다. 그리고 우리나라에서 고생하는 스리랑카 동족들을 위해서 스리랑카 사찰을 지으셨다. 처음에는 원주민들의 반대도 심했다고 한다. 이 마하 위하라 사찰은 현재 우리나라 전국에 산재해 있는 스리랑카 노동자들의 문화 신앙 생활공동체가 되었다. 스리랑카 노동자 중에는 일부는 본국으로 돌아가겠지만, 그래도 대부분은 자의 반 타의 반으로 우리나라에서 한국 국적을 얻고, 결혼

하고, 아이 낳고 살 것이다. 그렇다면 이들도 우리나라 국민으로 우리나라에서 잘 살 수 있도록 도와야 하지 않겠는가. 사실 우리가 외국인 노동자에게 임금 적게 주고 힘든 일 맡기면서 경제적으로 도움을 받은 것이 더 많다.

7. 외국인 노동자가 넘기 힘든 네 개의 관문

치과 문턱 넘기 어려운 외국인 노동자

외국인 노동자도 건강보험료를 낸다. 직장에서 4대 보험을 다 들어주어야 한다(그럴 형편이 안 되는 불법 고용자의 경우는 제외되지만). 실제로 이것만 해도 우리나라 제도는 많이 발전한 것이다. 나는 미국에 있을 때 한국인 치과의원에서 우리 딸 유치를 발치해 주는 데 당시 돈으로 10만 원 정도 냈다. 툭 치면 빠질 유치인데도 아이가 겁을 내어 할 수 없이 치과에 갔던 것이다. 그런데 내가 치과의사임을 밝혔음에도 그녀는 내게서 100불을 받았다. 미국 교포들도 형편이 어렵다고 생각했다. 아무튼 외국인 노동자들도 이제는 한국에서 쓰는 보험카드(외국인등록증)가 다 있다. 사용하지 못할 뿐이다.

충치가 많은 베트남 노동자에게 "치과에 가서 치료를 받으세요. 당신이 대한민국에 건강보험료를 다 내고 있어요."라고 해도 별 소용이 없다. 그에게는 통과하지 못할 관문이 대충 네 개쯤 있다.

첫째, 사장님의 허락을 받아야 할 텐데 아마도 녹록지 않을 것이다. 급성 맹장염이나 복통이라면 모를까, 충치 따위로 여러 번 치과에 다녀오라고 밖에 내보내 줄 사장님은 거의 없다.

둘째, 내보내 준다고 해도 어디로, 어떤 치과를 찾아가야 하는지 모를 것이다.

셋째, 말이 통하지 않기 때문에 감히 치과 문턱을 넘어설 용기를 내지 못할 것이다. 그러니 내가 "이거 빨리 치과 가서 치료받으세요. 외국인도 다 건강보험 혜택받습니다."라고 해도 그는 이미 처음부터 마음속으로 "내게는 해당 안 되는 얘기"라고 치부해 버릴 것이다. 그리고 한국에서 오래 살고, 사장님의 신임도 받고 있고, 한국 물정도 잘 아는 외국인 노동자라 해도 결코 쉽지 않은 네 번째 장애물이 도사리고 있다. 그것은 '실장'이란 장애물이다.

넷째, 한국의 치과를 찾아서 문을 열고 들어가면 데스크에 실장이란 사람이 버티고 앉아 있다. 어찌어찌해서 말이 통한다고 해도 실장이 입안을 보고 진단을 내리고, 치료계획을 세우고, 진료비를 계산하는데, 그 금액이 수백만 원에 달할 수 있다. 그게 현실이다. 그 외국인은 치과의사 얼굴도 못 보고, 건강보험 얘기도 못 꺼내 보고 그냥 밖으로 나올 수밖에 없다.

실장의 불법 의료행위

이처럼 '실장'은 우리나라 치과에서 매우 문제가 되는 존재이다. 다 그런 것은 아니고, 일부 상업적인 치과의 문제를 지적하는 것이다.

치과 문을 열고 들어가면 실장이란 사람이 문 앞에 버티고 앉아 자기가 환자들의 치아질환을 진단하고, 치료계획을 세우고, 예상 치료비를 계산하여 견적서를 작성한 뒤 처음부터 가격 흥정으로 들어간다. 치료계획이 서지 않으면 돈 계산이 안 되니까 당연히 치료계획이 먼저 서야 한다. 물론 그 사람은 의사가 아니다. 의료법에는 "질병의 진단은 오로지 의사, 치과의사만이 할 수 있다."라고 되어 있으니 당연히 불법이다. 이건 물론 불법이지만 그렇게 하는 곳이 많다. 보건복지부나 지역 보건소에서는 이런 불법 의료행위를 단속해야 하지만 단속하지 않는다.

그 자체가 불법인 것도 문제이지만 이 과정에서 과잉진료가 이루어진다. 의사가 아닌 실장이 돈 얘기를 흥정하면서 벌어지는 일이다. 진료비라는 돈이 문제가 아니라, 과잉진료라는 안 해도 되는 치료를 한다는 것이 더 큰 문제이다. 그 말은 무슨 뜻이냐. 상대방이 말로 사기를 쳐서 내 몸을 망가트린다는 뜻이다. 과잉진료는 경제적 피해만 생각하지만 신체적 피해가 더욱 심각하다. 특히 치아는 사기 접시 같아서 한 번 깨지고, 한 번 깎이고, 한 번 상처 내고, 한 번 뽑으면 다시는 돌이킬 수 없는 것이다.

과잉진료

예를 들어 CT만 해도 CT를 찍으려면 일반 흉부방사선의 수백 배, 수천 배 양의 방사선을 쪼여야 한다. 요즘 임플란트 시술에서도 CT를 찍지만 꼭 필요한 경우에만 찍어야 한다. 살릴 수 있는 치아를 살리지 않고 무 뽑듯이 뽑으면서, CT를 여러 장 찍어대는 것은 비양심적인 일이다. 치과가 아닌 의과에서도 CT를 남발한다고 하는데, 검사할 필요가 없는 일에까지 CT를 찍는다고 한다. 이렇게 CT 기곗값을 뽑기 위해서 환자들에게 많은 양의 방사선을 쏘아대는 일이 옳은 일인가.

CT 처방 자체는 의사만이 내릴 수 있는 결정이므로 의사의 양심에 맡긴다고 하지만, 치과의 실장은 경우가 다르다. 의사도 아닌 사람이 진찰하고 치료계획을 짜는 것이다. 실장이 월급 받는 의사 위에 군림하는 경우도 흔하다. 실장의 존재는 의사 양심의 방어선으로도 쓰인다. 결과적으로(일차적으로) 과잉진료 결정을 실장이 하도록 하는 것이다. 의사로서는 과잉진료 책임을 실장에게 떠넘길 목적으로 실장을 고용하는 측면도 있다. 심지어 구인 구직난을 보면 '저를 고용하시면 한 달에 얼마는 책임지고 올려 드립니다. 후회 없으실 거예요.'와 같은 노골적이고 뻔뻔한 광고까지 올라온다. 그런 실장을 애초에 누가 양성했는가. 치과의사가 시키지 않았다면 불가능한 일이다.

시설 좋고 비싼 치과 좋아하지 마세요

검진하다 보면 사람들이 간혹 "치과에 가면 실장이라는 사람이 버티고 앉아서 자기가 의사 노릇 다 하고, 돈 얘기 다 하더라."라며 불평을 한다. 어떤 사람은 막 화를 낸다. 의사가 이래도 되는가. 이런 치과를 적발하고, 행정처분, 영업정지를 내리는 곳은 지역 보건소이다. 보건소는 주민의 치아 건강과 경제적 손실을 보호하기 위해서 자기 의무를 잘해야 한다. 물론 그렇지 않은 실장도 있을 것이다. 그러나 내가 경험하고 들은 바로는 많은 치과에서는 그렇게 한다.

그래서 나는 시설 좋고 비싼 치과를 가급적 권하지 않는다.

그곳은 대체로 이런 실장이 버티고 있으면서 우선 거액의 견적서를 들이댈 것이다. 아, 물론 그렇지 않은 치과도 많을 테지만, 그러나 일반인이 어찌 알 것인가.

8. 우리나라에서 자취를 감춘 아말감

충전치료 먼저 해야

외국인 노동자가 넘어야 할 네 개의 관문을 말씀드렸는
데, 이번에는 한국인 환자의 경우를 생각해 보자. 구강검진을
하다가 치아 상태가 안 좋은 사람의 경우 대개는 "지금은 시간이
없어서 나중에 한꺼번에 치료할 생각이다."라는 사람들이 많
다. 돈도 없을 것이다.

그래서 나는 "그래도 치아는 방치할수록 피해가 기하급수적
으로 커진다. 돈이 많이 드는 임플란트, 크라운(인공치관, 금
니) 따위는 나중에 하시더라도 우선 급한 신경치료나 충치 치료
는 먼저 하셔야 한다. 건강보험으로 다 되어 있고, 무척 싸다."라
고 말한다.

예를 들어, 우리나라 치과에서 신경치료는 무척 싸다. 여러

번 치료받는다고 해도 돈 십만 원을 안 넘어간다. 그 정도면 미국 같으면 2~3천 불, 3~4백만 원은 한다. 미국에서는 신경치료 값이 임플란트 값보다도 비싼데, 미국 임플란트가 한 대에 약 300만 원쯤이라고 한다. 얼마 전에도 미국 사는 친지가 한국에서 임플란트하겠다고 일부러 귀국하셨다.

그래서 나는 "바쁘시더라도 건강보험이 되는 충전치료filling Tx와 신경치료pulp Tx부터 틈을 내어 받으시라."고 이야기한다. 방치해서 치아를 빼게 되면 신체의 손상이 너무 심하기 때문이다. 방치하면 나중에 돈이 훨씬 많이 드는 것은 물론이다.

충치 치료라고 하면 크게 보아 신경치료와 충전치료(때우는 치료)의 두 가지인데, 신경치료를 하고 나면 치아가 깨어지는 것을 막기 위하여 치관(금니)을 해 넣어야 한다. 오늘 이야기는 그게 아니라 신경까지 상하기 이전의 치료, 즉 그냥 충전치료 이야기만 하련다.

충전은 영어로 필링filling이고, 보통 말로는 그냥 '때우는' 것이다. 충치를 제거하고, 안전한 물질(충전재)로 때워준다. 그 재료로는 네 가지가 있는데, 아말감과 GI시멘트, 레진, 금-인레이다. 아말감과 GI시멘트는 건강보험 급여 품목이고, 레진과 금은 아니다. 그러니 내가 건강보험으로 때우시라는 말은 아말감이나 시멘트로 때우시라는 말씀이다(시멘트는 아말감보다 좀 약하다). 금으로 때우라는 말씀이 아니다. 그런데 치과에서는 많은 경우 특히 대형 병원의 경우, 레진이나 금이 아니면 취급을 안 한다. 그럼 어찌해야 하는가?

우수한 치료재 아말감

일단 아말감만을 생각해 보자. 아말감은 매우 우수한 재료이다. 어릴 때 때운 아말감이 평생 가는 경우도 매우 흔하다. 그 역사도 100년 이상 되었고, 유럽, 미국, 기타 세계 어느 나라에서나 아무 문제 없이 잘 쓰고 있다. 다만 우리나라에서만 어느덧 자취를 감추었다. 왜? 치과에서 돈이 안 되니까.

아말감Amalgam은 은Ag과 주석Sn이 7:3인 합금을 상온에서 수은Hg에 잘 섞여 녹여서 굳히는 것이다. 일단 수은-합금이 형성되면 수은은 녹아 나오지 않는다. 그걸 아말가메이션 Amalgamation 이라고 한다. 예를 들어, 강철이나 스테인리스를 입안에 오래 물고 있다고 해서 그 철이나 크롬 성분이 녹아 나오지 않는 것과 같다. 이는 백 년 이상 화학자와 의과학자들에 의해서 확인된 것이다. 사실은 너무도 자명해서 확인할 필요도 없는 것이다.

헌데 미국의 일부 극단적 환경독성주의자들이 자기들의 활동을 선전하기 위해서 아말감이 나쁘다는 이야기를 퍼트리기 시작했다. 이에 대해서 미국 보건복지부, 미국의사협회, 세계보건기구WHO는 아말감은 절대 안전하다는 확인과 공표를 여러 번 했다. 우리나라에서도 그러하다. 도대체 자기 나라 국민에게 해롭고 위험한 것을 복지부가 허락했다는 불신 자체가 지나친 것이다. 불신은 자유지만 답답한 일이다. 문제는 치과의사들이 이것을 이용한다는 것이다. 왜냐하면, 아말감은 건강보험 진료라서 진료비를 많이 받을 수 없기 때문이다. 마치 건강보험의 출산 비용이 적기 때문에 산부인과 의사들이 출산을 기피하는 것과 같다. 이에 더하여 치과의사들은 아말감보다 약 20~30배나 비싼 금-인레이만을 취급하는 것이다.

아말감 거부해도 되나?

원칙적으로 환자가 아말감을 원하는데 치과의사가 그것을 거부했다면 그건 의료법 위반이고, 국민건강보험법 위반이다. 의사는 환자에 대한 필요한 합당한 진료를 거부할 권한이 없다. 복지부는 의사에게 의료에 관한 한 거의 무제한의 권한을 주었지만, 치료법을 자의적으로 할 권한을 주지는 않았다. 그래서 이런 법망을 피하려고 (일부) 치과에서는 아예 아말감 충전

에 필요한 장비와 기구들을 들여놓지도 않는다. 일부만 그렇다
는 얘기다. 특히 상업적으로 운영되는 대형 치과에서 그러하
다.

내가 외국인 노동자들에게, 혹은 한국인 노동자들에게 "빨리
치과에 가서 우선 충치 치료부터 받으시라."라고 해도, 많은 경우
그들은 치과에 갔다가 치아 한 대당 40만 원짜리 금으로 때워야
한다는 말을 듣고 힘없이 돌아서게 된다. 병원에서는 개수나 뺑
튀기하지 않으면 다행이다. 결국 그 치아는 방치되다가 충치가
심해져서 빼게 된다. 한국인도 마찬가지다. 치료해서 살릴 수
있는 치아를, 건강보험료를 꼬박꼬박 내는 위대한 대한민국 국
민에게 이래도 되는 것인가. 이런 상황에서 나는 어찌해야 하는
가. 또 내가 치과의사로서, 동료, 혹은 후배 치과의사들을 이렇게
비난해도 되는가, 아니면 그들을 감싸고 변명해 주어야 하는가.

영리추구로 퇴보한 치과계

아말감을 제대로 치료해 주는 치과가 이렇게 흔치 않은
실정이다. 예방치과를 전공한 내가 이젠 환자들에게 "빨리 치
료하지 않으시면 일이 커집니다."라는 얘기도 할 수 없는 세상
이 되었다. 정말 개탄스럽다. 치과가 발전해야 하는데 50년 전,

백 년 전의 아말감 시대보다도 이렇게 퇴보해서야 되겠는가. 살릴 수 있는 치아를 빼게 되고, 값싼 아말감을 못 해서 방치하다가 빼고, 그리고 나서 임플란트를 하고, 이런 것이 치과계의 발전이란 말인가. 나는 한 사람의 치과의사로서 환자의 충치를 보고도 "빨리 가서 치료받으세요."라는 말을 할 수 없는 것이 정말로 힘들다. 아니면 그들에게 울며 겨자 먹기로 한 개 40만 원짜리 금-인레이를 다섯 개, 열 개씩 하라고 얘기해야 옳은 것인가.

누구 잘못인가? 어쩌다 이렇게 되었나? 그건 결국, 개원가가 지나친 상업성 경영, 영리추구에만 매몰되어 있기 때문이다. 그럼 환자들은 어찌해야 하는가? 나는 그저 "아말감 해주는 치과를 찾아가시라."라고 권하는 수밖에 없다. 예방치과 전문가로서 치과가 이 지경이 된 것에 대해서 나는 너무도 무력하다.

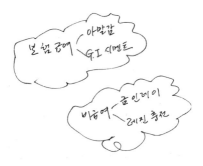

9. 수익성 때문에 퇴출당한 아말감

의사가 정성껏 치료하면 문제없는 아말감

내가 아말감을 찬양하니까, 그 반론으로 아말감이 약하고 쉽게 깨진다고 주장하는 의사가 있다. 이는 그야말로 도덕성의 문제이다. 아말감은 잘만하면 치아, 혹은 금 정도의 강도를 유지할 수 있다. 잘만하면? 도덕성이라?

실제로 요즘 시술되는 아말감은 그런 경향이 있다. 그런데 아말감이 귀했던, 그리고 충전재로는 아말감밖에 없었던 과거에는 아말감 충전을 원칙대로 했다. 쉽게 깨진다는 주장은 스스로 원칙대로 하지 않았다는 부도덕성의 반증일 뿐이다. 왜냐하면, 이 내용은 치과대학 2학년 때 배우는 아말감 강의 시간에 너무도 많이 강조되는 내용이기 때문이다.

즉, 일단 수은과 아말감 재료금속을 섞어 갠 연후에는 수은을 완전히 짜 주어야 하는데, 그렇게 하지 않는 의사가 생각보다 많다. 선생이 아무리 강조해도 선생 말 잘 안 듣는 학생은 있다. 또 그 변명으로 수은이 손에 묻을까 봐 잘 못 짜겠다고 하는데, 그런 사람은 학교를 다시 다녀야 한다. 기본이 안 돼 있다는 증거이다. 수은은 상온에서 구슬방울처럼 또르르 굴러떨어지기 때문에 손에 묻지 않는다. 그게 걱정되면 손을 한 번 씻으면 그만이다.

치과의사가 되어서 손이 틀까 봐 하루에 손을 여러 번 씻는 것을 겁낸다면 그것도 도덕성 위반이다. 원래 수은중독은 식도가 아니라 공기를 통해서 폐로 들어가서 발생한다. 학교에서 많이 배우는 내용이다. 요즘은 캡슐형 아말감이 나와서 더욱 편리해졌고, 수은 걱정도 할 필요가 없어졌다.

둘째로 중요한 것은 충전물을 다져 넣을 때 꼭꼭 다져 넣어야 한다는 점이다. 힘을 주어서 빠각빠각하고, 뽀드득뽀드득하게 다져 넣어야 한다. 그렇게 하지 않으니까 약한 아말감이 되는 것이다. 이 점도 학교에서 가르칠 때 매우 강조한다. 이 '뽀드득'은 환자들도 느낀다. 소리만으로도 의사가 얼마나 정성스럽게 치료해 주는지 느끼는 것이다.

아말감이 약하다는 것은 그냥 '찍' 발랐다는 것이다. 하기 싫어서 마지못해 했거나 딴생각하고 했거나, 친구와 점심약속 하고 빨리 나갈 생각이라면 그렇게 할 것이다. 환자에게 금-인레이를 권했는데 환자가 극구 아말감으로 해달래서 마지못해 해주는 때에도 그럴 수 있겠다. 어느 모로 보나 아말감이 약하고 깨진다는 주장은 자신의 부도덕함과 불성실함을 고백하는 일일 뿐이다.

아말감 덕에 '이 뽑는 사람'에서 '의사'가 됨

아발감은 사실 획기적인 재료이다. 금속이 상온에서 녹는다는 것이 말이 되는가? 아말감의 발견은 엄청난 과학의 개가이다. 그것은 수은의 특이한 성질 때문이다. '수은은 고온이 아니라 상온에서도 다른 금속과 잘 섞여서 뭉개고 다져주면 그 금속을 녹인다.'라는 점을 발견한 것이다. 약 150년 전쯤 된다.

이 아말감은 여러 가지 금속과 상온에서 결합하여 합금이 된다. 그중에서도 치과에서 쓰는 것은 수은이 은과 결합한 은-아말감이다. 그런데 이렇게 다른 금속과 결합한 은-수은 합금은 또 한 번 신기하게도 단 5분 이내에 단단하게 굳는다. 그리고 이렇게 굳어버린 합금에서는 조금의 수은도 흘러나오지 않는다.

실제로 이 아말감의 발견으로 그동안 치료가 불가능했던 충치의 치료가 완벽하게 가능하게 되었다. 즉, 종전의 덴티스트 Dentist는 그저 치아를 뽑을 줄만 알았는데, 이제는 충치를 제거하고 때워서 치아를 살릴 수 있는 의사가 된 것이다. 이렇게 치과는 아말감의 발견으로 '이 뽑는 사람'에서 비로소 '의사'가 되었다.

수익성 낮다고 퇴출

어릴 때 내 고향집은 미군부대 옆이었다. 그 때문에 나는 미제 초콜릿을 자주 먹어서 그런지 충치가 많았다. 10세에 때운 아말감이 40세 때쯤 망가져서 크라운을 했다. 20세 쯤엔 치과대학에서 아말감을 너덧 개쯤 때웠는데 거의 40년 이상 쓰고 있다. 아말감이 나쁘다면, 내가 내 치아를 아말감으로 때웠겠는가? 나는 내 치아를 금-인레이로 때운 적도 없지만, 내 환자들에게 금-인레이를 권한 적도 거의 없다. 금-인레이는 아말감보다 단점이 너무 많기 때문이다. 그 아말감이 지금 치과에서 수익성이라는 이유로 퇴출되고 있다니, 역사는 이렇게 퇴보하는가.

10. 수재가 치과대학에 가면 안 되는 이유

학교, 종교, 병원은 수익성보다 가치 우선해야

치과의원이 어째서 그토록 수익성에 집착하는가. 이런 질문이 참 어리석은 질문일 수 있다. 대한민국에서 뭔들 개업해서 수익성에 집착하지 않을 수 있겠는가.

수익성에 집착하지 않으면 가게 문을 닫아야 한다. 그것이 지금 우리 사회의 철칙이다. 그러나 수익성이 우선이 되지 말아야 할 분야가 있다. 학교가 그렇고, 종교가 그렇다. 의료도 그렇다. 그러니까 문제는 의료도 수익성에 집착할 수밖에 없는 우리나라의 상황이 문제다. 이른바 의료제도가 시장경제에 편입되어 있기 때문에 시장경제 논리를 따를 수밖에 없다는 것이다. 그러나 그렇다고 해도 수익성이 '그 자체의 가치'보다 우선해도 되는가? 이건 또 다른 문제이다. 실제 치과의원의 수입을 두고 얘기해 보자.

내가 알기로는, 현재 서울에서 개인 치과의원을 유지하려면 한 달 총매출액이 3천만 원, 순수입이 1천만 원 정도 되어야 한다고 한다. 그 정도는 되어야 병원을 유지할 수 있다는 말이다. 직원 퇴직금이나 종합소득세는 계산되지도 않은 금액이다. 그러니 실제로는 800만 원 정도의 월급이다. 그러나 치과의사의 일은 다른 직장인 보다 두세 배는 힘들다.

치과의사는 세월이 가도 수입이 별로 늘지 않는다. 그리고 대개는 평생에 서너 번 치과 이전을 한다. 왜 이전하나? 치과가 잘되면 이전할 이유가 없다. 치과의사는 따로 퇴직금도 없고, 그저 국민연금만 받는다. 이래서는 부잣집 사위도 될 수 없지만, 어쩌다가 부잣집 사위가 되면 인생은 훨씬 고달파진다. 부잣집 따님도 잘 모셔야 하고, 장인 장모님의 높은 기대에도 맞추어드려야 하기 때문이다.

실증적(통계적)으로 보면 서울에서 총매출(이른바 그로스)이 월 3천만 원 안 되는 곳이 약 30%라고 한다. 그렇게 되면 원장은 이전을 고민한다. 그렇다고 당장 이전할 수 있는 것도 아니고, 이전 결심을 잘했다고 할 수도 없다. 몇 억 원 까먹고 이전해도 그보다 더 못할 수도 있기 때문이다.

이전할 결심은 언제?

'이전할 결심'은 언제 이루어지는가? 실수입(이른바 네트)이 월급 의사보다 같거나 적으면 이전해야 한다. 왜냐? 개업은 월급 생활보다 두 배 이상 힘들기 때문이다. 월급 생활보다 두 배로 힘들어도 의사들이 개원하는 것은 월급 이상의 희망과 목표가 있기 때문이다. 그러면 공직에서 치과의사의 월급은 얼마인가? 내가 알기로는 보건소에서 600~800만 원(세전) 받는 것 같다. 공직이 아니라 남의 병원에 들어가서 일하는 것도 그렇다. 그곳에서는 양심을 속이는 진료도 해야 할지 모른다. 그러니 내 치과에서 그냥 칠팔백 버는 게 낫다는 것은 쉽게 이해될 것이다.

쉽게 말해서 수입에 불만이 있는 치과의사가 서울의 경우 30%는 된다는 말이다. 그렇다고 그들이 노는 것도 아니다. 크게 도덕적으로 청빈하게 해서도 아니다. 열심히 일하고, 친절하고, 악착같이 하면서도 수입은 그렇다. 내가 "치과의사의 수입이 생각보다는 시원치 않다. 그러니까 그들이 때로는 비양심적인 진료도 한다."라고 변명, 비호해 주려는 것인가? 뭐 그럴 생각이 아주 없는 것은 아니다. 나도 가끔 그랬으니까.

문제는 그렇기 때문에 치과가 자꾸 대형화되어 간다는 것이다. 여기서 문제가 점점 더 커진다. 개인치과가 힘들고, 수익성이 떨어지니까 신규 개원의들은 공동개원, 대형 치과병원을 선호하거나, 동기들끼리 대형 병원을 개설한다. 여기에 범사회적인 사치화 경향이 가세한다. 세대별 사치화 경향도 가세한다. 젊은 사람일수록 화려한 것을 좋아한다.

치열한 생존경쟁

이렇게 개설한 치과들의 비용을 나는 잘 모른다. 어마어마하다는 것만 안다. 혼자 작게 개업해도 3~5억은 드는데, 5명이 공동개업한다면 20억은 들지 않을까? 그러면 한 달에 한 2억은 벌어야 하지 않을까? 그보다 훨씬 많을지도 모른다. 나는 세상 물정을 잘 모른다. 그런데 이런 치과일수록 비용지출은 훨씬 많이 나간다. 광고비와 경쟁 비용이 많이 나간다. '통합의 묘'란 것은 장비 시설 정도인데 그건 얼마 하지 않는다. 종업원이 많고, 좋은 자리에 개업해서 광고 열심히 하고, 경쟁에서 이기려면 비용이 어마어마하게 든다. 경쟁 치과병원이 여러 개이기 때문에 그 생존경쟁은 치열하다. 이른바 돈벌이의 전쟁에 뛰어들게 되는 것이다. 그리고 이런 병원일수록 다른 병원과의 경쟁이 심하기 때문에 도산의 위험성도 매우 크다. 그리고 경기의 부침에도 큰 영향을 받는다.

쉽게 말해서 동네 강가에서 고기 잡아먹고 살다가, 큰 바다로 나가서 폭풍과 맞서 싸워야 하는 셈이다. 이런 병원은 매일매일의 수입에 혈안이 될 수밖에 없다. 상업성, 즉 매일매일의 수입이 가장 중요하게 된다. 수입이 떨어지면 피를 말린다. 과연 치아의 보호나 환자의 건강이 최우선으로 될 수 있을까? 매우 의심스럽다.

1등 하는 학생이 치과대학 가는 이유

그럼, 사회에 처음 진출하는 치과의사들이 어째서 이렇게 돈을 '밝히게' 되는 것일까? 나는 그 원인이 잘못된 입시제도에 있다고 본다. 우리나라 입시문제의 핵심은 대학의 서열화다. 그 서열의 기준은 졸업해서 좋은 직장에서 높은 수입을 받는 것이다. 공부를 잘하면 잘하는 순서대로 좋은 직장을 가게 되는 것이다.

공부 잘하는 학생들이 치과의사를 선택하는 이유는 적어도 우리나라에서는 '돈'이다. 가치 있는 일을 한다거나 보람 있는 일을 하기 위해 진학하는 학생도 적지 않을 것이다. 그러나 의사, 치과의사라는 직업이 대다수 수험생과 학부모에게는 좋은 직장, 좋은 신분이라고 인식되고 있다. 나는 이점이 가장 큰 문제라고 본다.

졸업해서 큰돈 들여 치과병원을 개원해서 매일매일 수입 때문에 애를 태우는 직업이 과연 좋은 직업인가? 아마도 학부모나 수험생은 치과의사의 순수입이 월 800만 원 정도이고, 그것에 만족하며 살고 있는 치과의사가 적어도 서울에서 30%라는 사실을 알면 그토록 애써서 치과대학에 가려고 하지는 않을 것이다. 한마디로 의사가 좋다는 것은 허상이다. 더욱이 지금의 수입이란 것은 상당히 상업적인 경영을 해서 얻는 수입이다. 의사가 병원을 양심적으로 운영해서는 돈을 못 번다는 것은 보통 국민들도 잘 알고 있다.

그러면 1등 하는 학생이 치과의사가 되려는 것은 양심적 의사가 되지 않겠다는 것의 반증인가? 점수는 곧 수입으로 등치된다. 만일 치과의사가 돈 버는 직업이 아니라면 공부잘하는 학생이 치과대학을 지원할까? 그러나 사실 치과의사는 결코 돈을 잘 벌 수 있는 직업이 아니다. 무리해서 억지로 많이 벌려고 애쓸 뿐이다. 그래 봐야 고작 800만 원 안팎이다.

1년에 대략 의사 4천 명, 치과의사 1천 명, 한의사 1천 명을 뽑는데, 가장 공부 잘하는 학생들이 의사, 치과의사가 된다고 하니 전교 1~2등이 아니면 의사, 치과의사가 되기는 힘들다. 전교 1~2등을 해서 치과의사가 되고 보니, 치과의사는 너무도 초라하다. 그렇기에 대형 병원이다 뭐다 해서 무리수를 쓴다는 것인가? 이 무리수라는 것이 결국은 상업성, 과잉진료로 이어진다.

공부 잘하는 금수저가 치대 가서 좋을 것 없다

요즘 입시제도는 '있는 집 자식(금수저)'이 좋은 대학, 의치대 들어가기 좋게 되어 있다고 한다. 사실일 것이다. 그러니 금수저로 태어나서 금수저로만 밥을 먹은 의사, 치과의사들이 서민들의 애환을 어떻게 알 것이며, 서민·빈민·노동자를 위한 진료를 하겠는가. 그런 훌륭한 분도 없지는 않겠지만 대부분은 그렇지 않을 것이다.

요는 치과의사란 그렇게 돈 잘 버는 직업도 아니고 그렇게 고상한 직업도 아니다(전국의 수험생과 부모가 이 글을 많이 보았으면 좋겠다). 치과의사는 그저 배운 대로 국민을 성실히 치료해 주면 되는 것이다. 국민의 의사가 되어야 하고, 부유층만의 의사가 되면 안 된다. 내가 구태여 이런 얘기를 하는 것은 치과의원이 점점 빈자에게는 문턱이 높아지고 있기 때문이다. 치과대학 공부가 수재들만이 할 수 있는 것도 아니다. 외국에서는 치과의사가 그렇게 사회적 지위가 높지 않다. 미국의 나쁜 제도가 우리나라에 이식되었을 뿐이다.

오래전 치과대학 다닐 때, 그러니까 50년 전에 어떤 교수님 말씀이 "치과대학에 너무 공부 잘하는 사람들이 들어와서 걱정이다. 그러면 안 된다."라고 하셨다. 그때는 잘 몰랐지만 그게 옳은 말씀이다. 수재가 치과의사가 될 필요는 없다. 왜냐? 수재는 돈도 많이 벌어야 한다는 인식이 팽배해 있기 때문이다. 우리 사회는 재능까지도 그대로 돈으로 환산되는 사회이다. 이렇게 돈으로 병든 사회는 하루속히 고쳐져야 하고, 그래야 치과업계의 상업화 문제도 근본적인 해결이 가능하다.

11. 미국의 나쁜 제도인 치대 8년제

6년제에서 8년제가 된 치의학전문대학원

지금은 아시는 분이 많지 않지만 치과대학이 8년제였던 시절이 있었다. 아직도 몇 개 대학에 8년제로 남아 있다. 조국 선생의 딸인 조민 씨가 4년제 고려대학교를 마치고서 부산대학교 의과대학(이름만 바꾸어서 의학전문대학원)에 입학해서 요즘 좀 알려지기도 했다. 이 8년제 치과대학도 치과의 상업화에 크게 기여했다.

6년제 서울대학교 치과대학이 8년제로 된 것은 2005년부터니까 18년 전이다. 그 당시 11개 치과대학 중에서 3개 대학을 제외하고는 8개 대학이 모두 8년제로 전환했었다. 상당한 세월이 지난 후 그 부작용이 많이 드러나 이제는 대부분 다시 6년제로 돌아갔으나, 국립 치대는 여전히 8년제로서 남아서 문제가 많다. 대표적인 것이 서울대학이다.

8년제라는 것은 쉽게 말해서 4년 동안 다른 대학을 졸업한 학생이 '치의학 대학원'에 입학할 자격이 있다는 것이다. 즉, 기존의 치과대학은 갑자기 간판만 바꾸어 달아서 대학원 과정이 된 것이다. 이 과정부터가 매우 비교육적이다. 4년제 대학이 간판만 바꾸어 단다고 해서 대학원이 되는가? 그리고 입학 지원 자격이 고교 졸업자는 안되고 반드시 4년제 대학 졸업자라야 되는가? 여기에 근본적인 문제가 있다. 왜 의대, 치대는 고졸자가 가면 안 되고, 반드시 4년제 이상의 대졸자가 가야 하는가. 여기에는 아무런 교육적, 과학적 근거가 없다. 외국의 모든 나라에서는 고졸자가 의치대에 입학한다. 유럽도, 영국도, 프랑스, 독일, 일본도 그러하다. 오로지 미국만 대졸자가 의치대에 입학한다. 그건 왜 그런가? 이는 '의사는 비싸야 한다.'라는 상업적 논리 외에는 설명할 길이 없다. 우리는 미국의 나쁜 제도를 앞장서서 받아들였다.

민간의료를 블루오션으로 여기는 재벌

상품생산의 경우 생산과정에 투자가 많이 되면, 그리고 생산과정에서 많은 인력과 비용과 장비와 시간이 소요되면 될 수록 상품의 생산비는 커진다. 그리고 그것은 가격에 반영된다. 상품값을 높이기 위해서 일부러 생산과정을 다양하게 하는 일도 많다. 한편 생산자나 기업이 물건값을 올리고 싶다고 해서 맘대로 올릴 수 있는 것은 아니다. 우선 시장에서 수요가 있어야 한다. 아무리 잘 만들어도 소비자가 필요로 하지 않으면 팔리지 않는다. 또 경쟁하는 상품이 없어야 한다. 그래야만 높은 가격에도 안심하고 팔 수 있다. 이렇게 고가상품을 팔아도 잘 팔릴 수 있는 상품이 무엇일까? 바로 의료이다. 아프면 병원에 안 갈 수 없고, 또 아프건 안 아프건 부자들은 언제라도 비싼 병원에 갈 수 있다.

의사, 의료라는 상품은 그 생산과정을 늘리고 생산비용을 많이 투입해도 잘 팔릴 수 있는 상품이다. 우리나라의 '자유시장 의료제도'에서는 그렇다. 이를 전문용어로는 '민간의료제도', 그리고 '행위별 수가제도'라고 한다. 그래서 재벌 '삼성'이 수십 년 전부터 의료로 돈을 벌려고 애를 쓴다. 자기들 말로는 마지막 블루오션이라고 한다. 그러나 국민이 죽고 사는 질병이 재벌의 먹잇감인 블루오션이 되지 말아야 하는 것은 확실하다.

의료로 돈을 번다는 것은 무슨 뜻인가. 이는 결국 의료, 의사, 병원이라는 것을 서민, 빈민의 것에서 박탈하여 부자들만의 것으로 만든다는 뜻이다. 그리고 이는 부자들이 원하는 것이고,

의료산업이 원하는 것이고, 상업적인 의사들이 원하는 것이다. 이런 현상은 결코 우연이 아니다. 상업자본과 부도덕한 의사들이 오래전부터 호시탐탐 노려왔던 것이다. 이런 (8년제라는) 심각한 의료체계의 전화轉化를 복지부와 교육부는 20년 전에 제멋대로 단행하였고, 지금 그렇게 양성된 의사들이 개업해 있다.

나이 든 치대 졸업생이 꿈꾸는 것은?

실제로 의사나 치과의사가 되기 위해서는 8년을 공부해야 하는 것인가? 물론 아니다. 일반대학 4년제를 졸업하고 치의학 대학원에 들어온 이들도 치의학 공부는 4년 만에 마치고 치과의사가 된다. 그 전에 기계공학, 물리학, 수학, 농학, 심지어 영문학까지 공부하고 들어와서 치대에서는 고작 4년만 공부한다. 그러고도 8년제를 나왔다고 한다. 실제로는 4년제를 졸업한 것이다. 이런 낭비가 어디 있는가.

미국 의료제도의 큰 잘못이 이 8년제인데, 우리는 이런 폐단을 따라 하게 된 것이다. 그러나 거기에는 반드시 이유가 있다. 이것이 의사(치과의사)의 값을 높이는 좋은 길이기 때문이다. 이렇게 의사의 값이 높아지면 어떻게 되는가? 의사는 가진 자,

부자들만의 것이 된다. 그러면 의사들은 여기에 찬성했는가? 일부는 반대했고, 대다수는 아무 말도 안 했다.

4년제 대학을 미리 졸업해야만 의치대에 갈 수 있다? 그래서 지난 20년 동안 일부 스카이SKY 대학의 공대, 자연대에서는 "공부 잘하는 학생들을 전부 의치대에 빼앗긴다."라는 얘기가 있어 왔다. 그건 공대, 자연대의 고민이니까 그렇다 치고, 일단 치의학대학원에 입학하는 학생들은 치의학 전공과목을 전혀 모른다. 그러니 치의학대학원에서 가르치는 교육의 양은 종전의 4년제 치과대학(학부) 시절에 가르쳤던 교육의 양보다 많지 않다. 치과대학 시절에도 교육의 양은 너무 많았다. 강의 시간을 더 늘릴 수도 없다.

그런데 이들 중에는 대개 나이가 들어서 군대를 다녀온 학생들이 많다. 또 재수생이 너무 많다. 그러면 치의학대학원 입학생은 거의 27~29세가 된다. 치의예과 신입생의 19세보다 거의 10살이 많다. 결혼한 학생도 제법 있다. 늦은 나이에 모든 걸때려치우고 치과대학에 들어온 사람의 목표는 무엇일까? 국민구강건강을 위해서 희생적 봉사를 할 것인가, 아니면 빨리 돈을 벌어 안정된 가정생활을 해야 한다는 일일까. 그렇지 않은 후배님들에겐 미안하다. 일반적인 경향이 그렇다는 것이다.

이들은 많은 희생을 치르고 치과대학에 들어왔다. 물리학과

나 화학과에서 유명한 과학자가 되는 길도 포기하고, 카이스트에서 천재적인 컴퓨터학자나 공학자가 되는 길도 포기하고, 또 지도교수가 박사과정에 남으라고 극구 말리는 것도 포기하고 치의학대학원에 들어왔다. 혹은 대학입시 때 재수, 치의학 대학원 때 3수를 하고 들어온 사람도 있다. 혹은 개업하던 약국을 때려치우고도 들어왔다. 이들이 치의학대학원을 졸업해서 관심을 갖는 것은 무엇일까? 국민 구강보건을 위해서 봉사하는 것일까, 아니면 수많은 희생을 치르고 들어왔으니 개업에 크게 성공해야겠다는 것일까.

부자를 위한 치과의사로 전락

다는 아니겠지만, 그리고 성실하게 직무를 수행하는 일부 후배 졸업생들에게는 미안한 말씀이지만 현실은 어쩔 수 없다. 자본주의 사회에서 치과의사라는 상품 가치를 높이기 위해서 제조 과정을 의도적으로 길게 해서 출시된 상품은 그 가격이 높을 수밖에 없다. 그리고 그것은 곧 치과의사들이 국민을 위한 치과의사, 노동자와 빈민을 위한 치과의사가 아니라 부자를 위한 치과의사가 되는 것이다.

많은 치과의사가 건강보험을 외면한다. 우리나라 국민은 보험카드를 들고 가 봐야 치과에서는 거의 해주는 것이 없다고 말한다. 내가 알기로 치과 총수입 중 건강보험이 차지하는 비중은 약 30%라고 한다. 그러나 현재의 국민건강보험 제도로는 임플란트와 보철을 제외하고는 거의 보험 치료로 불가능한 것이 없다. 그러면 적어도 전체 치과 매출 중에서 60%는 보험 수입이 되어야 한다. 나도 60%는 못 되었다. 그런데 세무서에서는 내 수입실적을 보고서 "건강보험 수입 대비 일반수입이 왜 이것밖에 안되느냐."라고 했다. 일반수입을 적게 신고했다는 것이다. 내 생각에는 이 거리가 바로 치과의사가 국민을 위한 존재이냐, 부자들만을 위한 존재이냐를 가르는 것이다.

그럼 이제 국민은 어쩌란 말이냐? 제도가 현실을 결정한다. 오늘의 8년제라는 제도가 부자들만을 위한 의사를 만드는 데 크게 기여했다. 그러니까 제도가 사회를 결정한다. 개인의 양심과 도덕만으로 세상이 결정되지 않는다. 양심적인 시민은 국가의 제도가 민중을 위한 제도가 되는지 관심 있게 지켜보고, 그렇지 않을 때는 그것에 반대하여야 한다.

12. 경쟁은 괴로워

경쟁을 부추기는 사회

기업이나 권력자 자본가는 노동자나 직원들을 길들이기 위해서 서로 경쟁을 시킨다. 경쟁을 부추긴다. 노동자는, 학생은, 직원은 경쟁에 매몰되어서 무리한 노동, 학습, 근무를 한다. 지배자는 그것이 꼭 필요한 일이고 매우 중요하다고 주장하면서 경쟁체제를 방치하거나, 즐기거나, 혹은 의도적으로 경쟁을 유발한다.

나는 경상남도의 고3 학생들과 접할 기회가 있었는데, 반에서 한두 명 그 지역 대학에 진학하는 수준이었다. 그럼에도 나머지 수십 명도 학교 과정 내내 지긋지긋한 공부에 시달려야 한다. 이런 무익한 경쟁체제에서 대다수의 아이가 계속 공부에 시달린다.

아이들은 "이런 성적을 계속 받아오면 좋은 대학 못 들어간다."라는 엄마 아빠의 시달림에 못 견디고, 정신적 압박 때문에 자살까지 한다고 한다. 그깟 공부가 무엇이길래 학생들이 이런 극심한 경쟁 속에서 매일매일 살아야 하는가.

경쟁에서 이겨서 혹시 의사가 된다고 해도 레지던트 경쟁, 교수 자리 경쟁, 개원가 상술 경쟁이 기다리고 있고, 변호사가 된다고 해도 대부분은 의뢰인 구하느라 애먹고, 사무실 임대료 내기도 바쁘다. 경쟁의 과실이 실은 별 게 없음에도 이 사회는 체제 유지를 위해서 계속 경쟁을 시킨다. 취업 경쟁은 물론이지만 기업인이 되어서도 동일 업종과의 경쟁, 시장쟁탈전 또한 치열하다.

어쩌다 이기면 반짝 돈을 벌지만 그 또한 내일을 알 수 없다. 한 명의 승자를 위해서 아홉 명의 패자가 생겨나는데, 그렇게 되면 부도가 나고, 집을 빼앗기고, 집에서 쫓겨나고, 노숙자가 되고, 이혼도 당한다. 지나친 경쟁이야말로 오늘날 가장 큰 사회악이다.

인생의 목표는 출세가 아냐

그래서 우리는 스스로 이 경쟁체제에서 벗어나기 위해 노력해야 한다. 그리고 그러기 위해서는 소유가, 성장이, 출세가 인생의 목표가 아님을 가슴 깊이 새겨야 한다. 그리고 사회적 지위가 있는 사람이거나 사회적 책임과 권력을 가진 사람이라면 가능한 한 이 경쟁체제를 해체하도록 노력해야 한다. 오늘날 무한성장과 과잉생산 때문에 기후위기가 오고 지구파멸의 위기가 오는데, 이를 벗어나려면 탈성장의 가치가 중요하다. 성장을 거부하기 위해서는 동시에 경쟁도 거부해야 한다.

경쟁을 찬양하는 자들(자본가)은 경쟁을 통해서 제품이 우수해지고, 질이 높아진다고 주장한다. 그러나 그들은 그 과정에서 도태되고, 부도나고 쫓겨나는 90%의 쓰라린 고통에 대해서는 말하지 않는다. 또한 그들이 주장하는 소위 '우수한 제품'이라는 것도 대개는 필요 없는 물건, 없어도 되는 물건, 향락성 물건, 사치성 물건이다. 인류는 이미 웬만큼 인간에게 꼭 필요한 물건은 다 만들어 놓았다. 그토록 큰 희생을 치르면서 조금이라도 더 좋은 물건을 만들어 낼 필요가 없는 것이다. 자본은 결과물만을 이야기하며 그 이면의 수많은 고통과 몰락은 이야기하지 않는다. 이만하면 됐지 더이상 무엇이 필요하다는 말인가. 불필요하게 생산된 물건들은 인간을 유혹하고, 인간을 노동시키며, 인간을 돈벌이에 매몰시킨다. 그도 아니라면 이런 물건들은 대부분 덤핑시장에서 속절없이 버려질 뿐이다. 그리고 그러한 '과도한 생산'의 대가는 기후위기, 환경위기, 해수면 상승, 에너지 고갈, 지구파괴이다.

나는 덤핑시장에서 버려지는 물건을 볼 때마다 '저것을 생산하느라 노동자가 얼마나 고생했을까'라는 생각이 든다. 그리고 그 회사 사장님의 경제적 몰락을 생각하면 가슴이 아파 온다.

13. 장점이 많은 공공의료

미국 민간의료제도-서민은 신경치료 엄두도 못 내

우리나라처럼 의사가 자유스럽게 개업하고, 진료비를 자기가 알아서 받고, 개인사업자로 소득세를 내는 자영업자가 되는 의료제도를 '민간의료제도'라고 한다. 병원 설립도 민간자본이 할 수 있고, 병원 소유도 민간이 한다. 그리고 세금도 낸다. 이게 민간의료제도이다. "병원이 원래 다 그런 거 아닌가."라고 하실 수 있지만, 그렇지 않은 제도도 많이 있고 그렇게 병원을 자유스럽게 풀어놓아서도 안 된다. 실제로 우리나라는 국가가 운영하는 건강보험이 있고 개인 의원이나 대형 병원도 다 이를 지켜야 하므로 순수 민간의료제도는 아니고 공공의료제도를 혼합한 의료제도라고 할 수 있다. 반면에 민간 사보험만 있는 미국 같은 경우가 순수 민간의료제도라고 할 수 있다.

이렇게 국민의 의료는 국가가 책임져야 한다는 것이 '공공의료'이다. 그렇다면 공공의료를 부정(거부)할 이유는 없다. 반대할 이유도 없다. 다만 국가가 여기에 성의가 없을 뿐이고, 정치와 언론, 그리고 의사들이 여기에 대한 관심과 노력이 없을 뿐이다.

국민의 질병은 일반상품과 같이 취급될 수는 없다. "국가는 국민의 생명과 재산을 보호한다."라는 것은 헌법에도 나와 있고, 국가 존립의 근거이기도 하다. 그만큼 의료란 국가가 당연히 의무적으로 책임져야 하는 일이다. 그런 점에서 미국은 자국민에 대해서 가장 무책임한 나라이다. 오죽하면 많은 교포들이 임플란트하러 한국에 오겠는가.

미국 얘기를 잠깐만 더 하면, 미국 사람이 (평균적으로) 우리나라 사람보다 충치나 빠진 치아가 훨씬 더 많다. 나는 예방치과 전문가이기 때문에 이에 관한 많은 자료를 가지고 있다. 왜냐하면, 충치가 생기더라도 치료비가 너무 비싸고, 신경치료는 끔찍하게 비싸기 때문에 웬만한 사람들은 치과에 갈 엄두를 못 낸다. 임플란트보다도 더 비싸다. 물론 부자들은 다르다. 미국의 치과의원은 부자들만 이용할 수 있는 곳이다. 그리하여 미국인들은 한국 같으면 충분히 살릴 수 있는 치아를 치료하지 못하고, 고통 속에서 잠을 이루지 못하다가 결국에는 뽑게 된다. 우리나라 치과의사들이 그런 나라에 유학을 간다는 것도 아이러니인데, 결국은 부자들에게 봉사하는 법을 배우고 오는 것인가?

공공의료의 단점 20%라면 장점 80%

그러면 공공의료란 어떤 것인가. 도립병원이나 국가가 운영하는 국립병원은 공공의료이다. 무엇보다도 지역사회 보건소가 공공의료를 담당하는 대표적인 기관이다. 또한 여러 가지 공중보건 사업이나 예방사업도 공공의료이다. 사람들은 몸에 와 닿는 '치료'에만 신경 쓰지만, 국가는 사람들이 알지 못하고 느끼지 못하는 예방사업이나 공중보건, 또는 전염병 관리에 많은 노력을 기울여야 한다. 사람들이 잘 모르니까 공중보건과 예방의 중요성을 느끼지 못할 뿐이다. 전염병 예방을 위한 연구사업도 중요하다. 질병관리본부CDC나 국립보건원NIH 등이 그런 일을 하는 곳이다.

보건소는 무척 많은 일을 하는데 지역사회 질병의 예방사업, 공중보건을 위한 연구조사사업 등을 한다. 여기에 더하여 요식숙박업소에 대한 위생·청결 지도까지도 한다. 흔히 사람들은 "보건소에 가면 싸기는 한데 치료도 잘 안해주고, 임플란트도 잘 못하고, 오래 기다리게 하고, 일찍 문 닫는다."라며 불평하고, 보건소가 쓸데없는 곳이라거나 의사들이 월급만 받고 노는 곳이라고 생각한다. 그러나 보건소는 주민들이 느끼지 못하는 많은 사업을 한다. 그리고 일반 주민들의 질병과 치료는 일반 개원가에 맡긴다. 보건소는 치료소가 아니라는 뜻이다. 개원가에서 주로 하는 일이 질병의 치료인데, 보건소에서까지 그런 일을 할 필요는 없다. 그러므로 보건소의 진료 기능과 개원가의 진료 기능을 그대로 비교하는 일은 무리이다.

공공의료가 잘 발달한 나라에서는 국민의 질병을 무상으로 치료해준다. 치료비를 받지 않는다는 뜻이다. 영국, 캐나다, 쿠바 기타 많은 나라들이 그러하다. 그런 나라에서 부자가 누리는 호화 진료를 기대할 수는 없겠지만, 그 나라에서도 의사로서 해주어야 할 것은 다 해준다. 이런 무상의료의 단점으로 가끔 언론에서는 "너무 오래 기다린다."라는 점을 꼽는데, 거기에는 과장도 많고, 무상의료를 깎아내리고 싶은 개업 의사들의 입김도 작용하고 있다.

자본주의 의료(민간의료)에도 장점은 있다. 생산성이나 효율성이 높다. 하지만 그런 장점이 20%라면, 돈 없는 사람들은 제대로 치료를 못 받는다는 단점이 80%이다. 공공의료에도 진료가 미흡하다든지, 오래 기다린다든지 하는 단점이 있다. 그러나 공공의료의 불편함이 20%라면 온 국민 누구나 돈 없이도 치료받을 수 있다는 이점이 80%이다. 이는 나의 자의적 주장이 아니고, 교과서에 나오는 이야기이다.

공공병원은 적자운영이 정상

혼합형 의료제도라 할 수 있는 우리나라의 건강보험은 일단 상당히 공공성이 있는 제도이다. 그런데 민간에서는 이 건강보험을 무력화하는 행위들을 계속한다. 소위 비보험, 즉 건강보험에 적용이 안 되는 치료나 약이라고 해서 비싸게 받는 일이 대표적인 것이다. 이를 보험수가가 아니고 일반수가라고 한다. 또 민간 사보험회사에서 '실손 보험'이란 것을 만들어서 가입자들을 현혹한다. 이들의 주 무기는 '국민건강보험'이 해 줄 수 있는 것이 많지 않다는 것인데, 그러나 사실은 대부분이 가능하다. 또 치아보철의 경우, 실손보험을 들어서 하는 것보다는 직접 지불하는 것이 비용이 덜 든다. 그런데도 실손보험 모집책들은 그런 이야기를 하지 않는다. 그러므로 우리가 지켜가야 하는 것은 국민건강보험인데도 잘못된 정부는 오히려 보험업자의 편을 들어서 국민건강보험을 위축시킨다. 이게 국민을 위한 정부인지, 정말 믿지 못할 정부이다.

공공병원의 경우 우리나라는 다른 나라보다 그 숫자가 현저히 적다. 그저 도립병원 (요즘은 ○○의료원으로 이름이 바뀌었다) 몇 개 뿐이다. 많지도 않은 도립병원인데 정치인 홍준표 씨는 2013년 경남도지사 당시 진주의료원을 폐쇄하였다. 이는 국민의 복지에 역행하는 일이다. 폐쇄 이유가 적자운영이라는데 공공병원은 원래 적자운영이 정상이다. 그것은 국민의 세금으로 운영되어야 하는 것이다. 예를 들어, 보건소나 우체국이 국민의 등을 쳐서 흑자운영을 하라고 하는 것이 말이 되는가. '공공기관은 세금으로 운영된다.'라는 것은 공직자나 정치인이 당연히 알아야 하는 일이다. 세금은 그런 일을 하라고 내는 것이다.

14. 입시경쟁 주범, 서울대 폐지해야

망국의 주범은 입시경쟁, 서울대

우리나라 치과대학은 1922년 경성치전부터 시작하는데, 대부분 일본인 학생이었다. 해방 후 그들은 일본으로 건너갔다. 1945년부터 서울대학교 치과대학이 졸업생을 배출했고, 1968년에 연세대, 경희대가 인가를 받았다. 즉, 내가 치과의사 면허를 받던 1979년의 3천 명 치과의사는 대부분 서울대학교 출신이었다.

환자 중에 가끔 예전에 자기 주치의가 서울치대 출신이었다는 것을 자랑삼아 얘기하시는 분들이 계신다. 환자는 자기를 치료해 준 의사가 훌륭한 사람이기를 원하고, 또 그것을 자랑한다. 환자는 자기 주치의가 서울대 출신인 것을 특별하게 생각한다. 당시 대부분의 치과의사가 서울대 출신이라는 사실은 모르는 채로 말이다. 그런 얘기를 들을 때면 환자들에게서 빚을 진다는 기분이 든다.

우리가 졸업할 때 연세대, 경희대 출신은 제6회로 졸업생이 얼마 안 되었다. 그리고 우리는 다른 대학 출신들보다 훨씬 더 실력이 있을 것이라고 나름대로 생각하고 있었다. 그러나 나중에 알고 보니 그들이 우리보다 뭐 못 할 것도 없다는 것도 알게 되었다. 말로는 서울대 출신들이 기초의학에는 훨씬 더 강하다고는 하지만, 지금 생각해 보면 그렇게 기초의학에 강한 의사의 치료가 그만큼 더 훌륭한 것이었는가에 대해서는 회의적이다.

지난 몇 년간 우리나라에서는 특권의식 지닌 검사의 문제점이 심해졌고, 국민은 검사들뿐만 아니라 불공정한 판사들 또한 이 나라를 얼마나 망치고 있는지 똑똑히 보게 되었다. 그런데 이들의 특징은 상당수가 서울대 출신이라는 것이다. 오늘날 대한민국을 망치고 있는 것이 서울대학이라는 존재이다. 한국을 망치고 있는 주범이 입시경쟁이라는 것이고, 그 제1 원인이 바로 서울대학이다. 그것이 권력과 부자로 이르는 건널목이기 때문이다.

서울집중, 해도 너무 한다

요즈음 나는 전국의 아파트 공사장으로 구강검진을 다닌다. 소도시, 중도시, 대도시 가릴 것 없이 정말 아파트를 많이 짓는다. 아파트 공급과잉은 현재 우리나라에서 큰 사회문제가 되었다. 대도시 아파트를 빚내서 사들인 젊은이들도, 담보도 없이 건설회사에 PF project financing랍시고 많은 돈을 대준 은행들도 큰일이 났고, 전세금 내줄 돈이 없어서 피를 말리는 집주인도 큰일 났다.

그런데 한편에서는 쓸만한 집이 다 버려지고 도심 공동화가 나타나고, 마을 소멸도 나타난다. 땅이 없어서 김포공항, 육군사관학교 자리에까지 아파트를 짓는다고 난리인데, 한쪽에서는 멀쩡한 집들이 비워져서, 귀신 나오는 폐가가 된 게 한두 군데가 아니다. 어째서 이럴까. 답은 너무도 간단하다. 도시집중, 서울 집중 때문이다. 심지어는 서울 집중 때문에 대구, 부산 인구마저 줄어든다고 한다. 해도 너무한다.

서울 집중 이유는 취업과 진학

왜 사람들이 서울로만 몰릴까? 서울에 문화유적이 많아서? 서울이 공기가 좋고 살기가 쾌적해서? 서울이 미세먼지가 적어서? 그건 아니다. 서울이 돈벌이가 잘되고, 취업의 기회가 많아서이다. 취업이라고 해도 다 같은 취업이 아니다. 이른바 좋은 회사, 좋은 직장, 좋은 자리를 얻으려면 서울 출신이라야 한다는 것이다. 현재 우리나라에서 좋은 직장을 얻는 가장 중요한 조건은 좋은 대학 좋은 학과 출신 여부이다. 그것을 위해서 전국의 부모, 전국의 청소년은 밤이나 낮이나 경쟁한다. 이들 공부의 목적은 진리탐구도 아니고, 인격도야도 아니고 그저 경쟁에서 이기기 위해서다.

서울 집중의 핵심 이유는 단연 취업과 진학이다. 서울 집중의 문제가 해결되지 않으면 부동산이건, 가계대출이건, 교통문제이건 해결되지 않는다. 이 문제를 해결하려면 입시경쟁 문제를 해결하지 않고는 방법이 없다.

입시경쟁을 해결하려면 소위 일류대학 없애야

우리나라 입시문제를 해결하려면 소위 일류대학을 없애야 한다. 혹은 대학 관리를 엄격히 하여 모두 일류대학으로 만들어야 한다. 그러기 위해서는 우선 서울대학을 없애야 한다. 서울대학을 없애면 연고대가 일류대학이 될 텐데? 이를 방지하려면 지방국립대를 서울대학 수준으로 육성해야 한다. 동시에 사립대에 대한 각종 지원을 끊어야 한다. 사립대학에 대한 국고지원금은 상상을 초월하게 큰 어마어마한 금액이다. 연간 10조원 이상이다.

사립대학은 국민의 대학이 아니다. 국립대학을 얻어온 자식취급하면 안 된다. 국가는 누가 진짜 자기 자식인지를 잘 분간해야 한다. 국민의 한 사람으로서, 내가 내는 세금으로 국립대학을 방치한 채 사립대학을 큰돈 들여서 지원하는 것은 매우 부당하다. 그 예산으로 지방 국립대를 육성해야 한다. 11개의 치과대학 중에서 8개의 대학이 지방에 있다. 그러나 이 대학들은 많은 경우 서울 출신 학생들로 채워진다. 지방대학 출신이라도 치치과의사 자격증만 따면 되기 때문이다.

최근 입시경쟁이 의치대 위주로 심하게 편중되고 있다. 그러나 공부 잘하는 학생이 모두 의사, 치과의사가 되는 것은 국가발전에도 해롭다. 또한 지방의 우수 학생들은 대부분 서울로 유학을 온다. 서울 소재 대학 출신이 아니면 취업이 매우 어렵기 때문이다. 이는 지방대학이 지나치게 낙후했고, 동시에 지나친 의사, 치과의사 선호 풍조 때문이다. 취업을 위해서 온 국민이 서울로 몰려드는 건 더더욱 문제이다. 수도권을 제외한 전국의 모든 대학은 의치대를 제외하고 거의 고사 상태이다.

나는 사회적인 망국병인 입시문제의 해법은 서울대 폐지에 있으며, 이렇게 해야 의치대로 공부 잘하는 학생들이 몰리는 것을 막을 수 있다. 그리고 지금 치과업계의 고질적인 병폐도 해결할 수 있다. 내가 생각하는 서울대 폐지의 구체적인 방법은 아래와 같다.

① 지금의 서울대는 학생모집을 중지하고, 부실대학을 병합해서 충청권에 국립대를 세우거나, 혹은 국립 공주대학교를 키운다. 공주는 대학도시가 된다. 현재 서울대 교수와 교직원은 이런 대학으로 옮겨간다.

② 사립대에 대한 재정 지원을 끊고 지방국립대를 중점 육성한다. 국립대 교명을 통일하여 설립 순으로 제1 대학, 제2 대학 등으로 한다.

③ 교수와 직원을 주기적으로 순환시킨다. 교수는 5년 단위로 하고, 직원은 10년 단위로 한다. 이를 위하여 교직원 관사와 식당 시설을 완비한다. 다른 것에 비하면 그리 큰 비용이 들지 않는다. 이를 원치 않는 많은 이해당사자(특히 교수와 공무원들)가 이러저러한 이유, 어려움을 들어 반대할 것이다. 그러나 그것은 사실이 아니다. 그저 과장이고 엄살이고 뻥튀기일 뿐이다. 그렇게 하면 연구가 안 될거라고 교수들이 투덜댈 터인데, 교수의 연구는 그리 중요

한 것이 아니다. 교육이 중요한 것이다. 교수들의 연구 결과는 논문이라는 결과물로 나타난다. 그러나 수많은 논문집을 보아왔지만, 인간에게 꼭 필요한 연구는 거의 없었다. 그저 논문을 쓰기 위한 논문일 뿐이다.

④ 직원을 순환보직 하는 것은 일반적인 공무원의 관행이다. 한 자리에서 이동이 없을 경우 토착세력화 하여 과다한 영향력이 행사될 우려가 있기 때문이다.

⑤ 국립대학 간의 학점 교류와 상호학점은 완전히 가능하게 한다. 이를 위해서는 대학 수준 차이가 없도록 노력해야 한다. 그게 당연한 요청이고 의무이다. 수준 미달의 국립대학을 방치하면서 수준 차이를 얘기하는 것은 자가당착이다.

⑥ 대학원은 순수 연구와 교수요원 양성을 목적으로 한다. 극소수 학자 양성만을 목적으로 모집하며, 직업학교가 되지 않도록 한다. 소위 전문대학원(의학, 법학, 경영학)은 없어져야 한다. 그것은 순수학문 연구가 아니라 돈벌이 기관이기 때문이다. 그리고 의학, 법학, 경영학은 학부 과정이면 충분하다. 과도한 학력 연장을 위한 특수대학원은 폐지한다.

대학, 특히 서울에 있는 대학을 나와야만 잘 사는 사회가 되어

서는 안 된다. 국민의 반 이상은 대학을 안 나와도 행복하게 살
수 있는, 대학 갈 필요가 없는 나라를 만들어야 한다.

15. 금니는 정말 다 좋은가

치아, 보석 같이 영롱한 법랑질

금니가 정말 좋은가. 좋기로 말하자면 자기 치아가 가장 좋다. 교과서에는 치아의 모양을 표현하는 단어로 '보석 같이 영롱한 법랑질'이라는 표현이 나온다. 치아의 가장 바깥 부분이 인체에서 가장 단단한데 우리는 국민학교 때 사기질이라고 배웠다. 이 법랑질은 가장 단단하기 때문에 사기그릇이나 진주 보석처럼 한번 파괴되면 끝이다. 내가 치과에서 이 법랑질을 대할 때면 늘 이 "보석 같다."라는 교과서의 표현이 생각난다.

치아는 속으로 갈수록 부드럽다. 상아질은 사기질보다 한참 부드럽고, 그 속에 있는 신경(치수, 齒髓, pulp)은 더욱 부드럽다. 치수는 혈관, 신경이 들어있는 살덩어리인데, 치아에 평생 생명력을 공급한다. 이 신경이 가장 부드러우니 치아는 외강내

유外剛內柔 이다.

충치가 생기면 법랑질이 파괴되고 그 속의 상아질도 파괴된다. 그런데 상아질은 수분이 많고 부드럽기 때문에 일단 겉에서 치아를 감싸고 있는 보석 같은 법랑질이 파괴되면 상아질은 급속히 파괴되어 마치 사과가 썩는 것처럼 된다. 그래서인지 치과의원 간판 로고에도 사과가 많다. 즉, 겉으로 보면 거의 상하지 않은 것 같아도 속으로는 '펑' 썩어 있다. 그래서 대단히 큰 충치지만 치과의사조차 발견하지 못하는 경우도 자주 있다.

그러니까 치아 관리는 법랑질이라는 최외곽 전선이 가장 중요하다. 1차 방어선이 가장 중요하다는 말이다. 다른 말로 하면 예방이 가장 중요하다. 다른 과에서도 예방이 중요하다고 말하지만 치과에선 특히 예방이 중요하다. 한번 상하기 시작하면 걷잡을 수 없고, 후회하면 그때는 이미 늦었다. 그러나 악마는 여기에도 이미 발을 들여놓았으니, 치아는 상당히 망가질 때까지도 아프지 않고, 본인은 모른다는 것이다.

금니는 골드 크라운

충치가 심해져서 치수(신경)까지 들어가면 대단히 아프고, 밤잠도 못 잘 정도가 되면 할 수 없이 치과에 와서 치료를 받는다. 신경치료이다. 신경치료란 다른 말로 신경 제거이다. 일단 상한 신경은 제거하는 수밖에는 다른 도리가 없다. 이렇게 신경이 제거된 치아는 치료가 끝났더라도 약해져서 식사 중에 깨어지기 쉽다. 그래서 금니를 만들어 씌워 주는 것이다. 금니는 골드 크라운(gold crown, 금 인공치관)이라고 한다. 씌워 주는 것을 크라운crown 이라고 하는데, 원래 치아의 머리 부분도 크라운이다. 우리말로 치관齒冠이다. 그러니 정확히 말하면, 자연치관과 인공치관이다. 물론 왕이 쓰는 왕관도 크라운이고, 사실은 코로나바이러스도 크라운이라는 뜻이다.

맥주에도 크라운이 있다. 어릴 때 우리 집이 OB맥주 강원도 총판 대리점을 했었는데, 그때는 오비맥주가 크라운맥주보다 더 비쌌다. 오비맥주는 오비베어라는 곰돌이 모양의 간편 서민형 펍Pub을 크게 유행시켰던 적이 있었다. 그때가 전주에서 군대 복무할 때라 많이 애용했다. 아득한 그 시절이 그립다. 요즘 을지로 3가 인쇄 골목에 '만선호프'가 크게 인기인데, 거기 가보니 '최초의 오비베어 1호점 보존' 운동을 벌이고 있었다. 그건 그렇고, 오비베어스 야구단은 그 이후로 어찌 되었는가? 아, 두산 베어스로구나. 그리고 보니, 내 친구가 거기 '홍보이사'였는데, 야구를 너무 못해서 놀려주고는 했다. 치아 얘기하다가 웬 맥주, 야구 얘기….

어금니까지 포세린(사기)으로 하는 게 좋은가?

자, 이제 본론이다. 이 크라운을 금으로 하는 것이 제일 좋은가? 그렇다. 금은 연성延性과 전성展性이 좋고(신라 금관처럼 조작이 자유롭다는 뜻이다), 합금을 통해서 강도를 적절히 조절할 수 있고, 구강 내의 여러 가지 화학적 변화에 절대 안정적이다. 순금은 치아보다 무르기 때문에 구리나 백금을 섞어서 치아의 강도와 동일하도록 강도를 조절한다. 순금이 24K인데, 보통 20K 내외로 조절된다(78% 정도). 재료업체에서는 가능한 한 금의 양을 줄이면서 동일한 효과를 내고자 하기 때문에 치아에서 떼어 낸 폐금을 측정해 보면 금 함량이 20K가 안 될 때가 많다.

어금니는 씹는 힘이 많이 들어가기 때문에 당연히 가장 성질이 우수한 금으로 해야 한다. 과거에는 앞니도 금이나 다른 금속으로 했다. 그러나 사기치관(이른바 포세린)이 개발되면서, 보이는 곳은 금니가 아니고 포세린 치관으로 하게 되었다. 이제 오늘 이야기의 중심은 금이 좋으냐, 포세린이 좋으냐이다.

포세린은 어금니용으로 개발된 것이 아니다. 밖으로 보이는 앞니용으로 개발된 것이다. 그런데 요즘은 어금니까지 포세린으로 수복한다. 이게 좋은가 하는 문제이다. 포세린porcelain은 '사기'인데, 사기로는 원하는 치아 모양을 만들 수가 없다. 그렇게 정교하게 만들어지지 않는다. 아니, 만들 수는 있지만 금방 깨어지고 부스러져 나가니까 치과용으로 쓸 수가 없다. 그래서 개발한 것이 일단 금속으로 바닥에 얇게 치아 모양을 만든 후, 그 위에 사기를 입히는 것이다. 그러니까, 법랑 냄비의 형태이다. 사기가 금속에는 잘 붙는다는 성질을 이용한 것이다. 유식한 말로 '금속소부 도재치관'이라고 한다. 요즘은 재료공학이 더 발전해서, 바닥에 금속이 안 들어가고도 충분히 강도가 유지되는 전체 포세린(올-세라믹all ceramic이라고 한다)이 많이 쓰인다. 상품명으로는 지르코니아라고 하는데, 요즈음은 지르코니아가 포세린을 거의 대체하였다.

이 포세린의 가장 큰 단점은 (금에 비해서) 치아를 훨씬 많이 삭제해야 하고, 어쨌든 깨어질 가능성이 있다는 것이다. 미관을 위해서 할 수 없이 금을 못 쓰고 사기를 쓰는 것이니까 당연히 단점이 많다. 그래도 앞니에는 사기(지르코니아)를 쓸 수밖에 없다. 그런데 요즘 미관을 위해서 어금니에도 대량으로 지르코니아를 쓰는 사례가 많이 늘어났다. 이것이 과연 현명하냐는 것이다.

치아를 덜 깎고 싶은 마음

나는 당연히 어금니는 금으로 해야 한다고 말한다. 그러나 요즘 젊은 사람들은 미관을 중시하기 때문에 어금니도 금으로 해야 한다고 하면 매우 싫어한다. 그래서 어금니도 지르코니아로 한다. 비용은 거의 비슷하다. 어금니를 지르코니아로 하면 안 되는 것은 아니지만, 의사로서는 내키지 않는다. 치아를 훨씬 많이 깎아야 하고, 혹시 했다가 나중에 사기가 깨지면 책임 문제도 있다. 미관을 무엇보다 중시하는 시대가 되었다. 만약 내가 "미관이 그토록 중요한가?"라고 말하면, 바로 '라떼 노인' 이 될 것이다.

의사는 치아를 가능한 덜 깎고 싶다. 그러나 깎아야 할 때가 있다. 아무리 치아가 아까워도 필요한 곳은 과감히 삭제하고 크라운을 만들어야 한다. 치아가 아까워 덜 깎는다고 그것이 환자를 위하는 길은 아니다. 그러나 의사는 가능한 한 치아를 덜 깎고 싶고 덜 깎아도 되는 재료를 쓰고 싶다. 여기서 갈등이 생긴다. 더 깎아야 하는 상황과 치아를 덜 깎고 조금이라도 더 보존하고 싶은 마음과의 갈등이.

내가 그동안 상업적 치과 경영에 대해서 많이 비판하였다. 하지만 대다수 치과의사는 묵묵히 힘들게 일하고 있다. 사람이 매일 사기만 치고 살 수는 없는 것이다. 좁은 입안에서 위험한 기구를 가지고 원하는 치아 모양을 만들기는 정말 어렵다. 자식들에게는 이런 어려운 일을 맡기고 싶지 않다. 대부분의 치과의사는 늘 이런 갈등을 겪으며 하루하루를 산다. 환자들은 치아를 아껴주고 싶은 치과의사의 마음을 아시는지 모르시는지.

16. 싼 크라운은 없는가

치아는 사치품 아닌 필수품

꼭 비싼 골드로 해야 하는가. 더 싼 크라운은 없는가. 개발을 할 수도 있을 터인데, 치과의사들의 욕심과 무관심 때문에 안 하는 것인가. 더욱이 치아는 한 번에 여러 개가 망가지는 경우가 많기 때문에 치아를 해 넣게 되면 하나로 끝나지 않는다. 금니를 대여섯 개씩 해 넣으려면 정말 큰돈이 들고, 그래서 차일피일 미루다 보면 남은 치아까지 망치게 된다.

요즘은 과거보다는 경제 사정이 좀 나아져서 자기 몸을 위해서 수백만 원쯤 쓰는 것은 당연한 것으로 생각하는 사람들이 많이 늘어났다. 그러나 우리가 처음 개업 생활을 할 때만 해도 금니를 할 수 있는 사람은 극소수 부자들뿐이었다. 요즘도 돈이 없어서 치아를 못 해 넣는 사람들이 많다. 치과는 사치품이나 편의품이 아니라 필수품이기 때문에 부자나 빈자나 누구나 다 필요로 하는 것이다. 치아가 없으면 많은 고통이 따르고, 건강상, 생명상의 위해가 오기 때문에 필수품이다.

필수품이란 사치를 부리는 물건, 없어도 되는 물건이 아니고, 없으면 안 되는 물건이다. 그것이 치과가 사치품이 되면 안 되는 이유이다. 치과가 부자들에게만 봉사하는 곳이 되어서는 안 되는 이유이다. 치과는 부자나 빈자나 자유스럽게 이용할 수 있는 곳이어야 한다. 그럼에도 치과는 노동자와 빈민에게는 너무 비싸다.

싼 메탈-크라운은 취급도 안 한 교과서

과거에는 인공치관(크라운)용으로 금 대신에 메탈이라는 것이 있었다. 메탈은 영어로 그냥 금속이라는 뜻인데, 무슨 메탈인가? 이 성분은 크롬과 코발트이고 그래서 코발트 크라운이라고 부르는 때도 있었다. 사실 이 성분은 스테인리스stainless steel와 비슷한데 그보다는 퀄리티가 높다. 교과서에는 안 나오지만 이것이 우리 세대 치과의사들의 대표 상품이었다. 치과대학 교과서는 너무도 고상해서, 최고급품, 최고급 진료가 아니면 나오지 않았다. 강의도 그랬다. 대부분 미국 교과서를 썼는데 거기에는 최고급 부자들을 위한 내용뿐이었다.

졸업하고 개업하면서 현실은 학교와 너무 다르다는 것을 깨달았고, 학교에서 배운 것보다는 현실의 치과를 다시 배워야 하는 상황에 닥치게 되었다. 그렇다. 치과대학 교육은 지금까지도 너무도 부자들만을 위한 교육에 치중했다. 고상한 듯 돈 얘기는 하지 않으면서 가장 비싼 것, 최고급만을 취급한다.

이 메탈은 강도가 치아보다 좀 강하지만 그건 어쩔 수 없는 일이고, 금보다 전성, 연성이 안 좋아서(즉 얇고 정확하게 주조되지 않아서) 정확성은 금보다 좀 떨어지지만, 그런대로 만족해야 한다. 가격은 금의 1/3 정도였다. 메탈로 만든 치관을 지금까지 수십 년 잘 쓰고 계시는 분도 많다. 문제는 이 메탈에는 두 가지 단점이 있는데, 치과의사가 작업하기가 더 어렵고, 치과수입에는 금보다 더 불리하다는 것이다. 그러나 우리 때는 메탈을 주로 했다. 왜냐. 금니를 할 수 있는 사람은 거의 없었기 때문이다. 돈이 된다면 무슨 일인들 못 하랴. 개업 일이란 그리 호락호락한 것이 아니다. 그러니까 치과대학 교수들이 흉물 취급하여 입에도 안 올렸던 메탈이란 금속은 서민과 빈민에게 매우 고마운 존재였고, 우리나라 국민 대부분의 치아를 그동안 지켜주었다.

부자를 위한 치과

지금은 이 메탈을 취급하는 치과가 거의 없어졌다. 우리 나라가 잘살게 돼서 그런가? 그런 것 같지는 않다. 어떤 이유인 지 메탈을 취급하는 치과가 점점 없어졌다. 메탈을 취급하지 않 아도 치과의원이 유지되기 때문이겠지만, 서민들은 결국 메탈 이라는 수단을 잃어버리게 되었다. 이런 이유로 나는 오늘날 치 과가 부자를 위한 곳이 되었다고 주장한다.

그러나 나도 치과의사의 한 사람으로서 동료나 후배들을 변 명하고 싶은 마음은 있다. 나 자신 크라운을 시술하기가 매우 힘들다. 노력의 대가를 좀더 많이 받고 싶기 때문이다. 지금은 물가가 많이 오르고 생활이 고급화되었다. 골드 크라운 하나에 60만 원 내외인데, 나 자신 그렇게 받아왔고 그 정도가 치과의사 의 노동과 지식, 기술의 대가가 된다고 본다. 여기에 더하여, 빈 자와 노동자를 위하여 메탈을 취급하는 치과가 늘기를 바랄 뿐 이다. 그러니까 바꾸어 말하면, "좋은 치료를 싼값에 해준다." 라는 것은 그만큼 치과의사의 희생과 노고가 필요하다는 것이 다. 그러니 누구에게 강요하기도 탓하기도 어렵다. 오히려 국 민들은 싸게 해주기보다는 잘 해주기를 원한다고나 할까.

실제 오늘의 주제는 이것이다. 사실 치과 시술은 싼 게 중요한 것이 아니다. 얼마나 정확하게 잘 맞추어 주느냐가 중요한 것이다. 싼 재료로도 거의 완전하게 잘해 줄 수도 있다. 그러나 힘이 들지만 돈을 못 벌고, 골목에서 초라하게 운영할 것이다. 잘해 주면 손님이 몰린다는 것은 치과에는 안 통한다. 진료의 질을 사람들은 모른다. 소문에 따라 부화뇌동할 뿐이다. 적어도 치과는 그렇다.

안 좋은 덤핑 치과에 환자는 더 많아

비싼 금을 가지고도 엉망진창으로 해줄 수도 있다. 환자들은 모른다. 설사 잘못해서 엉망진창으로 만들어도, 당장 눈에 띌 만큼 불편하게 크라운을 만들었다면 당연히 다시 만들어 주어야 하지만 대부분 당장은 괜찮다. 속으로 치아가 썩어서 탈이 나는 것은 3~4년 후다. 소위 덤핑 치과에 그런 일이 많을 텐데, 어이없게도 덤핑 치과일수록 환자가 많다.

그런 치과에서는 진료 자체도 불성실하게 된다. 싸다는 이유로 환자가 몰리면 자연히 충실하게 작업을 할 수 없다. 예를 들어, 크라운 하나 깎는데 평균 한 시간이 걸린다면 환자 한 사람에게 세 개의 크라운을 할 경우 약속을 두 번으로 나누어 잡아야 할 것이다. 그런데 덤핑 치과엔 환자가 몰려 치과의사가 바쁠 테고, 크라운 세 개를 30분 만에 깎아버리는 경우도 많지 않겠는가? 이 경우 사무장이라는 사람은 '원장님이 실력이 좋아서'라고 선전하고 다닐 것이다. 그러니까 잘되는 치과라고 해서 인기 있는 치과라고 해서 다 좋은 것은 아니라는 뜻이고, 가격이 중요한 것은 아니라는 말이다.

그런데도 사람들은 싼 곳으로 몰린다. 인지상정이라고 해도, 또 서민들은 어쩔 수 없다고 해도, 역시 그걸 인정할 수는 없다. 그래도 치아치료는 가게에서 상품을 사는 것과는 다르다. 내 말은 진료를 치료비로 판단해서는 안 된다는 뜻인데, 사실 어느 의사가 성실하게 봐 줄 수 있는지는 잘 모른다. 환자들도 모르고, 의사들끼리도 잘 모른다. 그게 어렵다. 다만 값으로만 치과를 판단하지는 말아야 한다고 말하고 싶다.

만일 성실한 치과의사라면 열심히 잘해주고 관행 수가보다 더 받지도 않을 것이다. 한편 비싸게 받음으로써 자신의 노력을 보상받으려는 치과도 있다. 또 비싸게 받음으로써 자신의 유명세나 성가를 높이고 실력 있음을 자랑하는 수단으로 삼는 치과도 있다. 그러나 그런 유명세와 성실성은 별개 문제이다.

잘 만든 크라운-마진(변연) 맞추기

잘 만든 크라운은 어떤 크라운인가. 우선 높이나 씹는 것

(교합이라고 한다), 혹은 옆 치아와의 접촉면(콘택트라고 한다)을 잘 맞추어 주는 것은 기본이다. 그게 안 맞으면 환자가 당장 불편해하니까. 그러나 환자가 전혀 모르는 곳에 정말 중요한 부분이 있는데, 그것은 인공치관gold crown과 삭제된 자연치와의 경계 부위가 일치하여 가능한 한 턱step이 안 지게 하는 것이다. 이 경계 부위를 우리는 마진(margin, 변연, 邊緣)이라고 부른다.

치과의사가 마진을 잘 맞추는 것이 훌륭한 작품이냐 아니냐를 결정한다. 이게 잘 안 맞으면 몇 년이 지나서 속으로 치아가 썩고, 또 본인도 모르게 잇몸에 염증이 계속 생겨서 나중에 풍치(치주병)가 심해지게 된다. 그러나 이 마진의 상태는 치과의사 본인이 아니면 누구도 모른다. 아, 크라운을 만드는 기공소의 보철기사는 알 것이다. 그러나 보철기사는 입을 다문다. 왜냐? 거래처가 떨어지면 안 되니까.

의사 자신만이 아는 이 마진의 비밀, 그런데 이 마진을 잘 맞추기가 정말 어렵다. 또 교과서대로 잘 맞추려면 치아를 너무 많이 삭제해야 한다. 나는 요즘 젊은 치과의사들이 치아를 너무 막 깎아버린다고 개탄을 한다. 내가 늙은이니까 그렇다고 치자. 치아를 어떻게 하면 적게 삭제하고, 마진을 잘 맞추느냐가 최대의 과제이다. 이건 너무 어렵고, 나도 정말 자신이 없다.

그리고 좁은 입안에서 한 시간 동안 위험한 기계를 돌려가며 일하는 데는 긴장도 많이 된다. 우리 치과의사들은 매일매일 그런 긴장 속에서 일한다. 다시 말하지만, 자식들에게는 물려줄 일이 아니다. 그래서 나도 골드 크라운 값은 그 정도 받아야 한다고 생각하지만, 결국은 같은 값을 받고도 남들보다 엉망으로 해주는 사람도 있고, 혹은 남들보다 훨씬 훌륭하게 그림 같이 잘해주는 치과의사도 있다. 이렇게 치과 치료라는 것이 일반 의과와는 달리 의사 자신이 아니면 그 질을 평가하기가 어려운 대목도 많다.

어떤 치과를 가야 하나

사람들은 누구나 자기 치아를 좋은 의사에게서 치료받기 원한다. 그것은 가격과는 전혀 관계없는 일이다. 비싸다고 해서 잘한다는 게 아니라는 뜻이다. 최고의 의료진에게 치과 치료를 받은 어느 대통령도 다시 턱이 부어서 고통받았다.

자기가 잘한다고 해서 비싸게 받겠다는 것은 부자만을 위한 치과가 되겠다는 것이니까 좋은 일은 아니다. 그럼 환자들은 어떤 치과를 가야 할까? 당연히 관행 수가보다 특히 싸다고 하는 (덤핑하는) 치과는 아닐 것이다. 그리고 나는 사람들에게 가능한 한 으리으리하고 멋있는 치과는 가지 말라고 말해준다. 그런 치과는 성실성보다는 상업성이 앞설 것이다. 또 다 그런 건 아니지만 한자리에서 오래 하는 치과가 더 낫겠다. 그 이상의 요령은 별로 없다.

17. 임플란트 가격이 내려간 이유

적정 진료비

임플란트에 관해 얘기할 때 사람들이 가장 궁금해하는 것이 가격이다. 사실은 가격이라기보다는 치료비, 혹은 시술비라고 해야 옳다. 결론부터 말하면, 요즘 시중에서는 80~120만 원정도 한다고 생각된다. 그런데 의사가 말하는 적정 진료비는 어떻게 정해지는 것일까. 상품이라면 생산비+적정이윤이 시장가격이다. 그리고 생산비는 물적 생산과 인적 생산으로 이루어진다. 즉, 재료비와 노동력, 기술력, 투입시간 이런 것들이다. 하지만 의료비는 이렇게 계산할 수 없다. 사고파는 상품이 아니기 때문이다. 이런 식으로 가격을 정하기도 어렵다.

사실 의료비란 어찌 보면 의사가 치료해 주는 데 대한 대가로서의 사례비일 것이다. 그러니까 그 사례비는 환자의 경제력에 따라서 달라질 수도 있고, 의사의 노력과 유명세, 사회적 지위에 따라서도 사뭇 달라질 수 있다. 그래서 정하기 힘들다. 그래도 관행 수가라는 것도 있고, 시장가격이라는 것도 있다. 그것은 계산보다는 관행적 결과에 따라서 생겨난 것이다. 그것은 공급의 양과 희소성, 그리고 소요되는 재료와 학식, 기술 등으로 이루어진다. 그리고 소비 측면에서 보면, 무엇보다도 충치나 구강병의 발생률과 발생 정도도 중요하지만 의료 이용자의 경제력이 제일 중요할 것이다. 너무도 쉬운 얘기를 너무도 어렵게 한 것 같다.

의사는 백 배 남긴다?

일본 속담에 "약사는 열 배 남겨 먹고, 의사는 백 배 남겨 먹는다."라는 얘기가 있다고 한다. 몇 배라는 계산은 원재료가 있어야 할 것인데, 약사가 취급하는 약은 공장도 가격이라는 것도 있겠지만 의사는 그것도 어렵다. 사실 병원의 경우 재료비나 시설비보다는 인건비가 많이 들고, 의사 자신의 급료가 클 것이다. 그러니까 의료비를 정하는 것이 어려운데, 그래도 건강보험에서 진료비를 지급하자면 표준이 되는 진료비를 정하지 않을 수는 없다.

약사가 열 배를 남겨 먹는가 생각해 보면 요즘은 그렇지도 못한 것 같다. 약사가 그토록 '노─ 나는' 장사라면 왜 약국 때려치우고 나이 들어서 치과대학에 다시 오려고 하겠는가. 그렇다고 해서 치과가 그렇게 잘 버는 것도 아니다. 한편 '의사가 백 배 남겨먹는가?' 하고 생각해 보았다. 예를 들어, 병원에서 상처를 봉합하는데 50만 원을 받았다면 그 실과 바늘 값은 5천 원쯤 들었을 것이다. 그리고 보니, 백배 맞네.

그런데 치과의 경우 금니 하나 하는 데는 금이 평균 3g쯤 든다. 주조과정의 손실까지 생각하면 한 돈(3.75g)쯤 든다. 순도가 100%는 아니라고 하더라도 한 돈 가까운 금값이 든다. 요즘 금값이 40만 원 정도 한다면 골드 크라운 하나에 60만 원 받아서는 정말 남는 게 없다. 그렇게 보면 크라운 60만 원은 정말 싸다. 만일 크롬-코발트 메탈 크라운으로 하여 30만 원 정도를 받는다면 금으로 하는 것보다도 의사에게는 유리할 것이다. 그런데 그건 환자들이 원치 않는다. 일종의 유행 때문이다. 서민들이 그걸 원한다고 해도, 이제는 그런 값싼 크라운은 하지 않는 시대가되었고, 의사들은 다른 것으로(금-인레이 따위) 수입을 메우는 듯하다.

오래전 정부에서 짜장면 값을 통일한 적이 있었다. 상품값을 통일한다면 몰라도 용역서비스업인 음식값을 통일한다는 것이 가능한가 싶은데, 박정희 시대니까 가능했던 것 같다. 근데 마찬가지로 국민은 일단 금니 값을 좀 통일해 주면 좋겠다고 할 것이다. 그리고 임플란트 값은 왜 이렇게 종잡을 수 없는가 하는 불만이 있을 것이다.

임플란트 가격이 내려간 이유

임플란트 값은 최근 들어서 급격히 싸졌다. 임플란트 가격이 급격히 싸진 것은 기술 발전 때문이다. 그것은 컴퓨터나 메모리 칩의 가격이 뚝 떨어진 것과 같다. 그런데 임플란트 값이 급격히 떨어진 것은 재료비나 원자재 값의 저하 때문이기도 하지만 거기에 더하여 임플란트 대중화가 가장 큰 요인인 듯하다. 임플란트 자재값도 떨어지고, 파노라마나 CT 장비값도 많이 싸졌다. 그리고 무엇보다도 임플란트가 과거에는 특수한 전문가만 할 수 있었는데, 이제는 웬만한 치과에서는 다 할 수 있는 시술이 되었기 때문일 것이다. 10년 전에 250~450만 원이었는데, 지금은 백만 원 내외라 하니 많이 대중화 된 것이다.

우리나라는 세계에서 임플란트 시술을 가장 잘하는 나라이다. 미국 의사들이 우리나라 의사보다 잘 못하면서도 값은 매우 비싸다. 그래서 미국에서는 부자들만 시술을 받는다. 유럽의 의사들이 치료한 것을 가끔 보아도 우리나라 의사들의 시술보다 못한 것이 많다. 그러면서도 우리나라는 선진국 중에서 임플란트 시술비가 가장 싸다. 임플란트를 잘할 수 있는 의사의 수도 우리나라에 많다. 소위 의사 층이 두껍다. 가히 임플란트 천국이다. 그래서 교포나 외국인이 우리나라에 시술을 받으러 오는 것이다.

각자도생의 사회

임플란트에 대해서 더 자세한 얘기를 일률적으로 해 드릴 수는 없다. 다만 너무 싼 곳은 가지 않는 게 좋겠다고 생각한다. 어떤 분이 "매우 싼 곳에서 했는데 아주 잘했다."라는 얘기를 했다. 그래서 임플란트를 49만 원씩에 했다면 120만 원씩 받는 치과는 부도덕한 사람이 된다. 그러나 병원은 상품이 아니다. 요행히 괜찮을 수도 있지만, 그렇지 않을 위험도 많다. 의료사고나 감염으로 고생하는 수도 많고, 3개 박으면 되는 것을 6개 박을 수도 있고, 안 빼도 되는 이를 뺄 수도 있고, 특히 골이식하지 않아도 되는데 일률적으로 골이식 비용 30만 원을 따로 받아내는 수도 있다. 국가에서 그런 데를 그냥 놔두겠냐 하겠지만, 관료들은 그런 따위에 신경 쓰지 않는다. 각자도생의 사회이다.

그러니 가격이 지나치게 싸면 도덕성을 좀 의심해 봐도 되겠다. 자기 몸을 위하는데 돈을 너무 아낄 필요는 없다고 본다. 그럼에도 그런 덤핑 치과에 사람들이 몰리는 것을 보면 역시 사람들은 싼 걸 좋아한다고 생각하게 된다. 아는 치과의사가 그런 치과에 취업했었는데, 매일매일 데스크에서는 환자들하고 싸우느라고 정신이 없더라는 얘기를 하였다. 그만큼 말썽이 많다는 것이다.

또 한 가지 강조할 게 있다. 사람들이 잘 모르지만 임플란트에시 매우 중요한 것이 있는데, 그게 바로 '올바른 잇솔질'이다. 잇솔질 이야기는 다음 기회에 제대로 할 생각이다.

18. 임플란트의 장점

40년 사이 10배로 증가한 치과의사

내가 치과의사 면허를 딸 때인 1979년, 우리나라 치과의사는 대략 3천 명 정도였다. 그때는 3개 대학에서 1년에 치과의사가 200명쯤 나오는 때였다. 그러니 치과의사 천 명 만드는 데 5년 걸렸다. 1978년경쯤인가, 갑자기 복지부는 치과대학을 동시에 7개를 인가해 주었다. 대학마다 1~2년 차이는 있다. 그래서 당시 입학생이 천 명 가까이 되었다. 또 2년 후에 전두환의 졸업정원제가 되면서 모집인원이 130%로 증가하였다. 천 명 느는 데 5년씩 걸리던 것이 1년으로 줄었다. 이들이 군대를 마치고 개업가에 나오는데 약 10년이 걸리니까, 1990년경부터 치과의사가 1년에 천 명씩 늘기 시작했다. 2000년경까지 10년 만에 치과의사가 1만 명에서 2만 명으로 두 배가 되었다. 그 후

10년 동안 다시 1만 명이 늘었다. 20년 동안에 1만 명에서 3만 명이 된 것이다. 나 개인적으로 볼 때는 30년 만에 10배가 된 것이다. 그러니 이들 사이에서 개업 경쟁, 생존 경쟁이 치열해졌다.

지역에서 가장 월세가 비싼 최고의 자리는 하나둘씩 치과가 차지하기 시작했다. 비싼 시설도 들여놓아야 했고, 평수도 넓어야 했고, 직원도 많고 더욱 친절해야 했다. 이런 일은 정말 피를 말리는 일이다. 그러면서 도산하는 치과도 많아졌고, 폐원·이전하는 치과도 많아졌다. 과거에는 한자리에서 개원하면 수십 년 이상 운영했는데, 수입이 없어서 3~4년 만에 큰돈을 들여 다른 자리로 옮겨야 하는 치과도 많아졌다. 그러다 보니 덤핑 치과도 늘었고, 과잉진료도 많아졌다.

치열한 개업 경쟁

치과의사협회는 그래서 치과대학 증설을 반대해 왔고, 기존의 치대 정원도 줄이라고 요청했다. 그 이유가 "치과의사가 많으면 과잉진료를 하게 되니까 환자에게 피해가 간다."라는 것이었다. 증설 반대도 좋지만, 스스로가 부도덕해진다는 것을 이유로 든다는 것은 상당히 난센스였다. 지금 의과대학 증설 반대 이유에도 이 과잉진료가 포함된다. 난센스다. 법과대학, 변호사 증설 반대 이유도 그렇다. 뭐, 법률서비스가 부실해진다고 한다. 스스로 부도덕하다는 사실을 자백하는 셈이다.

그런데 실제로 치과의사가 많아지는 것은 의사들에게는 괴로운 일이겠지만 국민에게는 좋은 일이다. 그리고 현재 우리나라 치과의사 실력이 상당히 좋은데, 나는 그것이 치열한 경쟁 속에서 살아남으려고 고군분투했기 때문이라고 생각한다. 치과의사는 매우 힘든 직업이다.

지금 우리나라 치과의사는 지난 20년 동안 1년에 천 명씩 (요즘은 좀 줄어서 800명씩) 나온 의사들이다. 무슨 뜻이냐 하면, 현재 우리나라 치과의사의 대부분은 가장 의욕적으로 일을 하고, 능력이 좋은 나이인 30~50세의 의사들이라는 것이다. 인구학적으로 볼 때 우리나라 치과의사들이 가장 생산력이 높은 나이에 다 모여 있다. 우리나라 치과의사들은 치열한 경쟁 속에서 실력을 닦아왔기 때문에 실력이 좋다고 생각한다. 실제로 내가 겪어보아도 미국이나 영국, 독일 등지에서 치료를 받고 왔다고 해도 입안의 그 작품을 보면 안 좋은 것이 많았다.

한국은 임플란트 강국

임플란트는 어떠한가? 임플란트는 우리나라에선 약 30년 전부터 시술되기 시작하였다. 당시에는 전문적인 의사만 했고, 치료비도 치아 당 400만 원 정도로 비쌌다. 그런데 그 이후 치과의사들은 맹렬히 임플란트를 배우기 시작했다. 그렇게 지난 30년 동안의 노력이 축적되어서 이제는 젊은 치과의사치고 임플란트 시술을 하지 못하는 의사는 거의 없게 되었다. 실제로 임플란트를 하지 않으면 개업할 수 없는 시대가 되었다. 치과의사의 대부분이 임플란트를 뒤탈 없이 심을 수 있는 나라는 우리나라밖에 없다고 해도 지나친 말이 아니다.

뒤탈 없이? 초기에는 임플란트 실패율이 매우 높았다. 거의 최근까지도 임플란트의 실패 케이스가 많아서 의사는 환자들에게 시달리고, 소송을 벌이는 경우가 많았다. 실패가 두려워서, 소송이 두려워서 임플란트를 포기하는 의사도 많이 있었다. 누구는 폐업하고 도망가거나, 심지어는 부작용이 생긴 환자에게 시달려서 자살하는 경우도 있었다. 한때는 임플란트 관련 소송 건수가 수천 건에 달했다고도 한다. 그러한 과정을 거쳐서 우리나라 임플란트는 발달해 왔다. 나는 임플란트 자체를 비난하지 않는다. 우리나라에는 임플란트 매식체 생산기업도 여러 개 있고, TV 광고도 많이 한다. 쉽게 말해서 우리나라는 임플란트 강국이 된 것이다.

임플란트의 장점, 브릿지가 필요 없어

임플란트의 가장 큰 장점은 결손치의 경우 그것을 수복修復하는데 옆 치아를 깎지 않아도 된다는 것이다. 즉, 브릿지bridge를 하지 않아도 된다는 것이다. 브릿지는 치아에 심대한 악영향을 주지만, 그동안 어쩔 수 없이 해 왔다. 이제 임플란트라는 방법이 생겨났기 때문에 브릿지는 할 필요도 없고, 특별한 경우를 제외하고는 하면 안 되는 시술이 되었다.

다만 이렇게 임플란트를 경쟁적으로 하다 보니, 치과 경영에 무리가 생기기 시작했다. 살릴 수 있는 치아도 쉽게 뽑는 경향이 생겨났고, 박기 어려운 자리에도 무리하게 골이식을 하고 박다가 의사나 환자가 모두 고생하는 일도 종종 있다. 그런데 중요한 것은 임플란트 치료를 끝낸 후의 일이다. 임플란트에는 특히 올바른 잇솔질이 중요하다. 잇솔질을 비롯하여 다양한 청결 방법이 있는데, 임플란트를 장착한 사람은 특히 청결에 노력해야 한다. 그래야만 임플란트를 오래 쓸 수 있다.

19. 치과계 시장의 변화

- 수험생 필독

치과의사의 블루오션이 된 임플란트

내가 1979년에 치과의사가 되었을 때 치과의사는 3천 명 정도였다. 당시 남한의 인구는 약 4천만 명이었다. 즉, 치과의사 1명 대비 인구수는 1.3만 명 정도였다. 그런데 그때 막 8개의 치과대학이 신설되었다. 그래서 15년쯤 후에 치과의사 수가 약 만 명쯤 되면, 그때는 치과의사가 너무 많아져서 치과가 별로 재미가 없고, 인기 없는 과가 될 것이라고 보았다.

그런데 신기하게도 2000년쯤에는 우리나라가 경제적으로 여유가 있는 국가가 되었고, 그 덕에 여전히 치과의사는 인기 직종을 유지했다. 과거에 가난해서 치료를 못 받던 사람들이 대부분 치료를 받게 되었고, 큰 부자 아니면 감히 생각도 못 했던 금니 따위도 사람들이 쉽게 하기 시작했다. 그 당시 나는 그래도

20년 후에는(2020년에는) 치과의사가 3만 명이 되어서 (10배!) 정말 공급과잉이 될 것이라고 보았다. 1980년대 당시 나 혼자 개업했던 ○○동 네거리에 지금은 열 개의 치과라니.

그런데 이걸 또 임플란트가 극적으로 구출해 주었다. 임플란트는 정말 치과계의 신비하고 신통스러운 먹거리(블루오션)였다. 솔직히 말해서 나는 임플란트라는 기술이 실패할 것이라고 보았다. 실제로 인체의 다른 부분에서는 금속으로 연결도 많이 하고, 매식도 많이 한다. 특히 정형외과에서 많이 한다. 그런데 그것이 가능한 것은 그 수술 부위에 풍부한 혈액 공급과 신진대사가 가능하기 때문이다. 그런데 치과에서 임플란트 박아야 할 잇몸뼈(치조골이라고 한다)는 인체에서도 가장 까다롭고, 혈액 공급이 잘 안되는 부위이다. 치조골은 한번 소실되면 절대로 재생되지 않는다. 그래서 잇몸병(치주병, 풍치) 치료가 어려운 것이다. 또한 잇몸뼈는 잇몸으로 덮여 있어서 보이지 않지만, 잇몸을 벗겨놓고 보면 실제로 대단히 좁고 날카롭다. 당시 몇몇 학자들이 임플란트를 시도한다고 했지만, 나는 그것이 성공하리라고 보지 않았다. 그러나 나의 예상과 달리 결과는 성공적이었다. 참 대단 들 하다. 그렇게 임플란트는 초기와 비교하면 꾸준히 발전해서 이제는 상당히 쓸만하게 되었다.

이 임플란트가 지난 20년간 치과의사들을 먹여 살리고, 나름

대로 치과 수입을 받쳐준 수입원이었다. 임플란트는 초기에는 부자 아니면 할 수 없던 것이었다. 치아 너덧 개만 한다고 해도 대개는 수천만 원이 넘어갔다. 물론 그때는 임플란트할 수 있는 치과의원이나 병원이 많지도 않았다. 그러다가 언제부터인가 임플란트하는 병의원이 늘어나기 시작했다. 사실은 그 20년 동안 치과의사들은 생존을 걸고 치열하게 노력했던 것이다.

임플란트 시술 배우려고 밤낮없이 매달려

지난 20년 동안 치과계는 그야말로 임플란트와의 싸움, 임플란트 시술의 어려움을 극복하기 위한 싸움을 벌였다. 거의 모든 개원의가 주말이면 빠짐없이 세미나, 스터디를 다녔다. 해외연수 과정도 수백, 수천만 원을 들여서 다녔다. 수많은 치과의사가 외국 대학에 유학을 갔다. 그렇게 해서 임플란트가 가능한 치과의사 수가 늘어났다. 젊은 치과의사들이 스터디, 세미나 때문에 연애할 시간도 없다고 했다.

그 과정에서 실패도 많았고, 도산도 많았다. 시술이 실패해서 재판도 많았고 심지어는 소송에 시달리다 못해서 자살까지 했었다. 임플란트의 실패는 여러 가지지만, 실패하면 우선 입술에 감각이 없어져서 침을 흘리거나 말을 잘하지 못한다. 혹은 세균에 감염이 되어서 종합병원에 몇 달 동안 입원하기도 하였다. 그런 피나는 과정을 거쳐서 임플란트 시술을 할 수 있는 치과의사들이 점점 늘어났다. 이렇게 해서 우리나라는 가히 임플란트 천국이 되었다. 지금도 젊은 치과의사들은 임플란트를 배우기 위해서 밤낮없이 매달려야 한다.

그러는 사이에 치과의사는 3만 명으로 늘어났고, 8년제 졸업생들이 쏟아져 나오고, 목 좋은 곳에 부잣집 금수저들이 대규모 임플란트 병원을 짓기 시작했다. 임플란트 전문병원이 생기고, 하나에 250만 원짜리를 150만 원에 해준다는 치과들이 늘어났다. 한 치과에 임플란트 전문의사만 다섯 명, 열 명이라니…. 그러면서 이들이 임플란트 환자를 쓸어갔다. 다른 구멍가게 같은 개원의들도 값을 150만 원으로 낮추는 수밖에 없었다. 그것이 현재는 100만 원 내외까지 내려갔다.

임플란트로 인해 오히려 줄어든 의사 수입

이제 브릿지 시대는 완전히 끝났다. 그런데 문제는 임플란트로 인해서 치과의사의 수입이 오히려 줄었다는 것이다! 과거에 브릿지를 하면 치아 하나 결손당 대충 180만 원의 수입이 되었는데(60 × 3=180), 이제는 임플란트 하나를 박아서 100만 원밖에 안 되는 것이다. 국민에게는 좋지만, 치과의사는 어려워졌다. 문제는 임플란트 값이 너무 싸진 것이다.

어째서 이렇게 싸졌는가? 과당경쟁 때문이라고도 하고, 치과계에서는 고상하게 표현하여 '시장질서가 무너졌다.'라고도 한다. 국민들은 "그렇게 받고도 남으니까 하는 거 아니냐?"라고 하지만, 정작 치과의사는 피곤하다. 속된 말로 남는 게 별로 없는 장사다.

그리고 이 임플란트가 결코 쉬운 것이 아니다. 부작용도 염두에 두어야 한다. 시술할 때마다 긴장된다. 그러면서도 진료 수입은 과거보다 더 적어졌다. 그러면서 경쟁 치과는 늘어났고, 대형 병원은 너무도 많아졌다. 지난 20년간 블루오션이라고 했던 임플란트가 이제 수렁이 된 것이다. 그렇다고 해서 아니 할 수도 없다. 경제 규모가 커지고, 인건비 재료비, 건물임대료 등이 늘어나서 종래의 소박하던 시절의 수입만으로는 병원 유지가 어려워졌다. 그래도 다른 방법이 없다. 병원이 어려우니 무리한 경우까지 손을 대게 된다. 그리고 무리한 케이스의 치료법까지 소개된다. 명의가 되려니 배워야 하고, 하다 보니 실패도 생긴다. 이래서 치과의사의 인생이 어려워졌다.

치과의사가 되기 위해서 어려서부터 수많은 과외를 했고, 학교에서 줄곧 일등을 유지해 왔고, 대학을 6년이나 8년을 다녔다. 그러고도 모자라서 졸업 후에도 수십 년 동안 각종 세미나, 스터디, 연수를 다녔고, 가족과 여행 한번 제대로 다녀오지 못했건만 치과는 너무나 힘들다. 문제는 임플란트 가격이 너무 싸진 것이다.

치과의사로 보람있게 살려면

왜 치과의사의 나쁜 점만 얘기하느냐고 따질 분도 있을 것이다. 안타까운 현실이지만 적어도 내가 볼 땐 그렇다. 이제는 치과의사가 편하게 돈 벌 수 있는 직업이 아니라는 것이다. 그리고 치과가 그렇게 무리해서 어려운 수술을 해야 하고, 수재나 천재들만이 할 수 있는 그런 곳도 아니라는 것이다. 비싼 치료에 집중하는 과정에서 오히려 당연히 해야 할 충치 치료를 소홀히 하게 되고, 살릴 수 있는 치아도 임플란트하고, 구강병의 예방 지도는 소홀히 하게 되는 것이다.

무엇이 중요한가. 치아를 건전하게 보존하는 데는 어려운 시술이나 고도의 기술이 필요한 것이 아니고, 예방을 교육하고, 초기치료를 잘 해주는 것이 더 중요하다는 말씀이다. 예방만 잘하고, 충치 치료만 잘했으면, 애당초 임플란트라는 것도 필요가 없는 것이다.

지금은 치과의사가 임플란트를 잘해야 하는 시대가 아니고, 예방을 잘 가르쳐 주어야 할 시대이다. 언제까지 빠진 치아를 해 박는 일에 종사할 것인가. 보석처럼 영롱하고 단단하며 건강한 자기 치아를 지키는 일이 더 중요하다.

이제는 임플란트해서 돈을 잘 벌 수 있는 시대는 지나갔다. 치과의원이 다른 것을 해서 돈 버는 시대도 끝났다고 봐야 한다. 그저 묵묵히, 성실히 예방 지도하고, 충치 치료해 주고, 잇솔질 잘 가르쳐 주는 소박한 직업인이 되는 것이 중요하다. 치과의사로서 보람 있게 살려면 예방을 잘 해주고, 혹은 공직에서 공중보건사업을 하고, 보건교육에 힘써야 한다. 그게 치과의사로서 잘 사는 길이다. 그러니 천재, 수재 소리 듣는 학생이 치과대학에 들어올 필요가 없다. 이젠 더는 치과의사가 돈 많이 버는 직업이 아니다. 제발 이제는 학교에서 1등 하는 학생이 치과대학에 들어가지 말았으면 좋겠다.

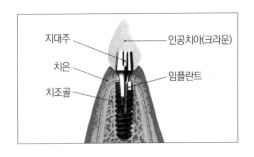

20. 임플란트의 평균 수명은 몇 년?

임플란트 하려는 분들께

임플란트의 평균 수명은 얼마인가? 골드 크라운의 수명이 평균 10년이라고 하니까, 그보다는 짧다고 생각한다. 임플란트에는 신경이 없으므로 많이 망가져도 본인은 모른다. 의사도 잘 모른다. 그러다가 쑥 빠진다. 임플란트가 한 번 망가지면 (쑥 빠지면) 대개는 다시 2차로 박기가 어렵다. 왜냐하면, 임플란트 박아야 할 치조골이 거의 없기 때문이다. 원래 임플란트를 붙잡고 있는 잇몸뼈(치조골이라고 한다)가 녹아서 쑥 빠진 것이기 때문에 그 자리에 다시 박기가 어렵다. 다른 방법도 없다. 그러니까 임플란트가 망가지면 다시 박으면 된다는 생각은 옳지 않다. 다시 박는다고 해도 매우 어렵다. 어렵다는 뜻은 박을 자리가 충분치 않고 매우 약하기 때문에 다시 박아도 오래 못

간다는 뜻이다.

그러면 40세에 임플란트 박으면 50세에는 어쩔 것인가. 여기에 대한 속 시원한 답은 없다. 그러니 어떻게 해야 하는가? 가능한 한 자기 치아를 오래 써야 한다는 것이다. 일단 좋지 않은 치아를 살리려고 노력해야 한다. '싹 뽑고, 아예 이번에 확실히…' 이런 치과는 좋은 치과가 아니다. 미국 박사라고 해도 그렇다. 왜냐. 임플란트 치료 자체가 그렇게 확실한 치료가 아니기 때문이다.

'발치 즉시 식립'이 좋을까?

임플란트의 과정은 일단 불량한 치아를 발치한 후에 치조골이 굳을 때까지 기다린다. 상악(위턱)은 6개월, 하악은 3개월 걸린다. 이 기간을 재촉하면 안 된다. 요즘 이 기간을 단축한다고 선전하는 치과들이 많다. 나는 이런 치과들이 어떤 확실한 과학적 근거를 가졌다기보다는 상업적 의도로 그럴 가능성이 크다고 본다. 그럼에도 일부 치과의사들이 이 기간을 단축하려고 하는 이유로 대략 세 가지를 꼽을 수 있다.

첫째, 치료비의 회수를 빨리할 수 있다.

둘째, 치료 기간이 길어지면 그사이에 다른 일이 생겨서 다른 병원으로 가거나 변심이 될 수 있다.

셋째, 실력이 좋다고 선전하기 좋다.

그러나 불가피하게 단축해야 할 경우는 어쩔 수 없다. 그러나 그것은 불가피한 경우이다(환자가 외국으로 이민을 가야 한다 든지).

치아를 뽑은 날 바로 임플란트를 식립하는 일을 '발치 즉시 식립'이라고 한다. 이것은 가능하다. 그리고 이것은 발치 할 치아의 치근에 염증 등이 전혀 없다고 확인되어야 한다. 염증이 있으면 수술이 실패하기 때문이다. 그런데도 과도하게 '발치 즉시 식립'을 선전하는 곳이 있다면 상업성이 좀 의심된다.

즉, '발치 즉시 식립'은 환자의 치아의 상태에 따르는 것이지 병원이나 의사의 실력에 따른 것이 아니다. 다른 데서 '발치 즉시 식립'이 안 좋다는 말을 들은 치아에 대해서 "이 치과에서는 된다."라고 하면 무리한 진료일 가능성이 크다. 자기 몸의 치료를 그렇게 무리해서 할 필요는 없다. 아무튼 전체 일정은 의사의 진료 계획에 따르는 것이 당연하다. 대개 임플란트 수술은 당일 한꺼번에 다 하는 것이 일반적인데, 개수가 많은 경우나 어려운 부위에는 수술을 여러 번 나누어 할 수도 있다.

어떤 임플란트 제품이 좋은가?

어떤 임플란트 제품이 좋은가? 외제가 좋을까? 그것은 의사의 취향이다. 나름 독일제나 미국의 특수회사 것이 비쌀 수는 있다. 임플란트 제품은 우리나라에서도 매우 많이 나오고 외제도 많다. 수십 가지가 아니라 수백 가지이다. 이게 너무 종류가 많은 것이 문제가 된다. 제품이 많고 재료의 발전이 너무 빠르다 보니 제품 간에 호환이 안 된다. 가끔 치과의사 본인이 3년 전에 박은 임플란트에 나사가 빠져서 다시 수리를 해주려고 해도 어려울 때가 있다. 임플란트 제품을 만든 제작회사의 이름을 알아야 그것에 맞는 기구(드라이버)를 사용할 수가 있는데, 이제는 그 나사를 구할 수가 없거나, 드라이버가 맞는 것이 없을 수 있다. 또 치과가 이사를 가거나 원장이 바뀐 경우에는 거의 불가능하다. 즉, 제품은 무난한 것이 좋고, 그 치과에서 권하는 것이면 된다는 것이다. 제품이 중요한 것이 아니고 시술의 성실성과 신뢰도가 중요한 것이다. 싼 것만 찾아다녀도 안 좋지만 유명 제품만 고집할 일도 아니다.

임플란트를 할 수 없는 경우

임플란트를 할 수 없는 가장 흔한 경우는 치조골이 소실되어서 임플란트를 박을 자리가 없는 경우이다. 이런 경우에도 무리하게 하려면 인공골을 쓰거나 골이식을 한다. 그러나 인공골 자체가 자연골보다는 많이 약하고, 골이식도 쉬운 것은 아니고 실패하는 경우도 많다. 치조골이 없는 경우 무리하게 시술한다면 시술이 실패할 확률이 높고, 혹은 성공한다고 해도 수명이 문제가 될 것이다. 그러면 잇몸이 죽은(치조골이 소실된) 사람은 어떻게 하느냐? 답은 없다. 못하는 것이다. 그래서 자기 치아를 잘 보존해야 하고, 충치를 예방해야 하고, 신경치료를 잘하고, 잇몸 관리를 잘해서 임플란트까지 가지 말아야 한다. 임플란트가 만능이 아니라는 얘기다. 임플란트가 안 되면 틀니를 써야 하는 불편을 감수해야 한다. 물론 당뇨 환자나 구강위생이 불량한 사람, 피로가 심하게 누적되어 전신 상태가 안 좋은 사람도 임플란트 시술 기피 대상이다.

한두 개 치아의 결손 치료에 가장 효과적

중요한 치아가 한두 개 결손 되면 임플란트를 해서 더 이상의 다른 치아에 대한 악영향을 막아야 한다. 치아가 결손된 채 방치하면 다른 인접치나 대합치가 급속히 나빠지기 때문이다. 이 경우는 정말 고마운 임플란트가 될 수 있다. 그런데 서너

개 이상 결손되면 임플란트를 안 해 넣을 수 없는데, 그때는 치조골 소실도 심하고, 임플란트가 받는 자체의 부담도 크기 때문에 임플란트를 오래 쓰지 못하게 된다. 비싼 의사나 비싼 제품과는 관계없는 일이다. 그러니 나중에 한꺼번에 '싹~' 한다는 태도는 매우 좋지 못하다. 벽돌 한두 장이 빠졌을 때 메우는 것이 좋다. 담장이 허물어지면 정말 큰 손해가 되기 때문이다

임플란트를 안 해도 되는 경우

60세 이상의 나이에 7번 치아, 즉 최후방 큰어금니가 하나씩 빠졌을 때는 임플란트를 꼭 할 필요가 없다. 즉, 큰어금니(6번 치아)가 하나 남아 있고 건전한 상태라면, 그리고 7번 부위의 치조골 상태가 좋지 않다면 억지로 해 넣을 필요가 없다. 사람의 치아는 중심에서 좌우로 7개씩 있다. 마지막 큰 어금니 두 개가 6번, 7번 치아이다. 만일 사랑니가 있다면 그건 8번 치아이다.

특히 상악(윗니)의 7번 치아는 빠지고 나면, 치조골도 많이 소실되고 보철 공간도 줄어들어서 그 부위에 임플란트하려고 애쓸 필요는 없다. 다만 요즘 여자분들이 미관상 목적으로 (볼이 파여 보인다고) 하는 경우가 있는데, 원한다면 해볼 수는 있다.

치아를 뽑고 나서 오래된 경우가 있는데, 이때는 마주 씹히

는 치아(대합치)가 저절로 솟아 올라와서 그 공간이 좁아진다. 공간이 좁아지면 임플란트를 해 넣을 공간이 좁아지는데, 대개 5mm 이내라면 임플란트를 하기가 어렵다. 맨뒤 어금니(7번)의 경우 하기가 어려운 공간에 무리해서 임플란트할 필요는 없다는 뜻이다.

과거에는 이런 경우에 브릿지를 종종 하곤 했지만, 사실 브릿지도 할 필요가 없다. 그냥 두는 게 제일 낫다. 임플란트의 지름이 큰 것이 대개 5mm인데, 임플란트를 붙잡아 줄 치조골의 두께가 최소 2mm라면 사방으로 직경 9mm의 치조골이 필요한 것이다. 이런 조건이 맞아야지만 임플란트를 심을 수 있다.

임플란트 시술 후에 가장 중요한 것

가장 중요한 것인데 이것을 소홀히 하는 경우가 매우 많다. 그게 무엇인가 하면 올바른 잇솔질이다. 개원가에서는 이 올바른 잇솔질 교육을 소홀히 하게 된다. 바쁘기도 하고, 귀찮거나 힘들기도 하고, 또는 돈이 되지 않기 때문이다. 환자가 많은 치과가 좋은 치과는 아니라는 거다. 임플란트는 다른 치아(자연치)와는 매우 다르다. 당연히 다르다. 인체 일부분과 금속이 어떻게 같겠는가.

임플란트의 파괴

① 임플란트는 왜 망가지는가? 임플란트를 붙잡고 있는 치조골이 녹으면 망가진다. 즉, 치조골이 얼마나 녹았는가가 임플란트의 수명을 결정한다.

② 그러면 치조골은 왜 녹는가? 만성 염증 때문에 녹는다.

③ 만성 염증은 왜 생기는가? 잇몸에 붙어서 사는 세균이 서식 조건이 좋고 양분이 많고 일정한 시기가 경과 하면, 이들이 염증을 발생시킨다.

④ 그런데 잇몸의 염증은 아프지 않다. 임플란트 자체에는 신경이 없기 때문이다. 그리고 입안에 있어서 보이지 않기 때문에 잘 모른다. 그리고 무엇보다도 잘 낫지 않는다. 그래서 어렵다.

⑤ 그런데 임플란트는 자연치와는 달라서 자연치보다 더욱 잇몸의 염증이(치은염, 치주염이라고 한다) 잘 생긴다. 그래도 본인은 잘 모른다.

⑥ 임플란트 치조골에 염증이 생기면 자연치아의 염증보다 두 가지가 불리하다. 첫째는 임플란트에는 신경이 없어서 염증이 생겨도 아프지 않고, 잘 모른다. 둘째가 중요한데, 임플란트는 자연치보다 목이 훨씬 잘록하다.

잘록한 목

자연치의 목 부분(잇몸에 박혀있는 경계 부분-치경부라고 한다)은 큰 어금니의 경우 평균 가로 8mm 세로 9mm이다. 그런데 임플란트는 가로세로 없이 직경 4.5~5mm이다. 즉, 목이 잘록하므로 그 목 부분에 훨씬 더 많은 세균이 오래 살고 있다는 뜻이다. 그래서 임플란트 치아는 자연치보다 훨씬 더 꼼꼼하게 오래(4분 이상) 칫솔질을 해주어야 한다. 임플란트를 파괴하는 것은 세균이기 때문이다.

그런데 칫솔질은 의사가 해줄 수 있는 일이 아니다. 간호사나 위생사가 해줄 수 있는 일도 아니다. 그리고 이것은 약으로 해결될 수 있는 부분도 아니다. 마치 당뇨병 환자나 고혈압 환자를 의사나 약이 치료하지 못하고 매일매일 환자 자신이 운동과 식이요법으로 관리해야 하는 것과 마찬가지이다.

이렇게 임플란트 후의 잇솔질 관리를 하려면 매일 취침 전에 4분 이상 골고루 올바른 칫솔질 방법(회전법과 진동을 주며 닦는 바스Bass법)을 실천해야 한다. 그런데 이게 그냥 되는 것은 아니고 꾸준히 연습해야 한다. 이를 숙달하려면 매일 저녁 연습해도 6개월 정도는 걸린다. 치과의원에서는 임플란트 시술 후 이점을 철저히 지도해야 하는데 실제로는 그렇지 못하다. 그러니 자신이 스스로 동영상을 찾아보며 연습해야 한다. 이것은 자기 몸을 위하는 일이고, 남을 위하는 일이 아니기 때문이다. 이것도 각자도생이다.

21. 임플란트를 하지 않는 것이 중요하다

치아는 왜 빠지는가

지금까지 구강진료와 구강검진을 하면서 여러 가지 이야기를 했다. 특히 상업성 진료에 관하여 상당히 심한 말을 했는데, 혹시 상처를 입었거나 불쾌했던 치과의사 분이 있다면 사과드린다. 내가 말하려는 것의 요지는 무엇인가. 자기 치아를 보존해서 임플란트까지 가지 말아야 한다는 것이다. 임플란트까지 가는 데는 아래의 여러 단계를 거친다. 역순으로 살펴보면 아래와 같다.

첫째, 임플란트는 왜 하는가. 치아가 빠졌기 때문에 하는 것이다.

둘째, 치아는 왜 빠지는가. 두 가지 원인이다. 충치가 심해서 빠지고, 뿌리잇몸이 약해서 빠진다. 즉, 모든 종류의 치과 질환은 충치와 잇몸병, 이 두 가지이다.

셋째, 충치가 생기더라도 방치하지 말고 바로바로 치료하고 (건강보험에서 다 해 준다), 혹시 신경까지 상하더라도 열심히 신경치료를 해서 상한 이를 살리고 크라운을 씌워야 한다. 돈이 들지만, 그래도 임플란트보다는 훨씬 낫다.

넷째, 더 나아가 충치 치료나 신경치료를 열심히 받는 것보다 는 처음부터 충치가 생기지 않도록 하는 것이 중요하다. 특히 잇몸병은 별다른 치료가 없고 예방이 중요한데, 올바른 잇솔질 을 꾸준히 실천해야 한다.

보석 같은 법랑질을 오래 보존하는 게 중요

치료하면 된다는 생각은 잘못된 생각이다. 임플란트도 그렇지만 크라운이나 금-인레이, 아말감도 수명이란 것이 있 고, 또 치과의사가 항상 잘한다고 볼 수도 없다. 지난날을 돌이 켜 보면, 나는 내가 잘 치료하지 못한 치아들이 가끔씩 살아 나와 서 내 마음을 불편하게 한다. 내 생각에도 명백히 내가 잘못한 치료가 무수히 많다. 보철물(크라운이나 브릿지)의 평균 수명 은 10년 내외라고 한다. 환자는 돈을 들여 치료하고, 치료가 다 되었다고 생각하더라도 과학은 그게 아니다. 환자는 잘 모르지만, 우리는 평균 10년밖에 못 쓸 거라는 사실을 안다. 아말감이나 인레이는 더 오래 간다고 하더라도 수십 년 내에 망가지고, 그보다 더 일찍 망가지는 경우도 많다.

일부분만 때우는 아말감이나 금-인레이가 치아를 전부 덮어씌우는 크라운이나 브릿지보다 더 오래 가는 것은 무슨 이유인가? 그만큼 치질의 손상이 적었을 때 치료했기 때문이다. 이미 법랑질은 보석 같은 것이고, 치아의 일차 방어선이 가장 강한 방어선이라는 말씀을 드렸다. 즉, 어떻게 하면 법랑질을 가능한 오래 보존하느냐가 중요하다는 것이다. 얼마나 유명한 치과에서, 얼마나 비싸게 치료했느냐가 중요한 것이 아니라는 말씀이다. 가능한 한 예방이 중요하고, 가능한 한 조기 발견 조기 치료가 중요하다. 사람들은 경시하지만, 구강검진이 중요한 것도 그 때문이다.

이제 중요한 것은 예방이다. 그럼 예방을 어떻게 하느냐? 치과질환의 예방은 예방약이 따로 있지 않다. 인사돌, 이가탄이 많이 팔리는 것도 잇몸병이 그토록 많으며, 동시에 그 약으로 치료되지 않기 때문이다. 이런 약들은 그저 영양제라고는 하지만 학계에서는 영양 효과도 별로 없다고 한다. 그러면 의사나 치과가 예방을 해주는가? 1년에 한 번 하는 스케일링은 극히 작은 예방 과정이 되겠다. 그 이외에는 예방 처치가 있다고 해도 불소도포 외에는 잇솔질 교육뿐인데, 실제로 잇솔질도 자기 자신이 해야 한다. 의사가 해주는 것이 아니다. 무슨 말이냐? 치과 질환 예방은 약이 해주는 것도 아니고, 의사가 해주는 것도 아니며, 자기가 하는 수밖에 없다.

올바른 잇솔질이 최고의 예방책

그러면 자기가 해야 할일이 무엇인가? 거의 유일한 방법이 있는데 그것은 올바른 잇솔질이다. 달리 효과적인 예방법은 추천할 게 없다. 그러나 칫솔질을 하지 않는 사람도 있는가? 그런데도 왜 충치가 생기는가. 또 그까짓 잇솔질로 충치와 잇몸병이 예방되는가. 자 이제 우리는 전선에 섰다. 즉, 예방법은 칫솔질밖에 없는데, 칫솔질을 해도 충치와 잇몸병이 생긴다. 그럼 무엇이 문제란 말인가? 방어선은 최전방 감시초소 GP와 철책선뿐인데, 철책선이 있어도 적군이 술술 넘어온다면 무엇이 문제인가? 우리는 철책선이 제대로 설치되어 있는가를 다시 점검해 봐야 한다. 왜냐? 그것 말고는 다른 방어선이 없기 때문이다.

그러면 잇솔질이 어떻게 잘못되었다는 말인가? 잇솔질은 우선 치아보다는 잇몸을 위주로 닦아주어야 한다. 매일 정성스럽게 골고루 닦아 주어야 한다. 밤에 자기 전에 회전법으로 골고루

4분 이상 닦아 주어야 한다. 이 회전법은 연습이 필요하다. 그래서 치과에서는 5주간 동안의 잇솔질 교육 프로그램이라는 것도 한다. 물론 돈이 든다. 여유가 있는 사람은 도움이 된다. 그러나 집에서 노력해도 충분하다. 매일 자기 전에 연습해서 6개월은 꾸준히 노력해야 한다. 당뇨 환자가 당뇨를 고치기 위해서 매일 두 시간씩 걷기운동을 하는 것처럼 그렇게 노력해야 한다. 그렇게 하면 정말로 치과 질환이 예방되는가? 확실히 예방된다. 무엇보다도 그것 이외에는 다른 예방법이 없다. 이는 치과에서 해결해 줄 수 있는 일이 아니다.

22. 충치를 예방하려면-회전법 잇솔질

충치는 왜 생기나?

재미없겠지만 약간 교과서적인 얘기가 필요하다. 충치는 왜 생기는가?

첫째, 치아 표면의 세균(스트렙토코커스 뮤탄스Streptococcus mutans, 흔히 뮤탄스균이라고 한다)이 당분이나 음식물 찌꺼기를 분해하면, 거기서 산 성분(유산, 혹은 젖산, 낙산 같은 말이다)이 발생한다.

둘째, 이 유산이 치아 표면의 끈적끈적한 세균막(플라크 혹은 치태라고도 한다) 속에 덮여 있으면서 단단한 법랑질을 녹인다.

하루 이틀 만에 일어나는 일은 아니고 수년, 혹은 수십 년 동안에 유산이 서서히 법랑질을 녹이는 것이다. 비바람이 오랜 세월 바위를 허무는 것과 같다. 그래서 당분 섭취를 제한하는 것이 충치 예방에서 중요하다고 한다. 그건 맞는 말이다. 그러나 일상생활에서 당분 섭취 제한이 쉽게 되는 것은 아니다. 물론 체질이나 식습관의 차이도 영향을 많이 준다. 그러나 사람들이 먹는 것이 대충 비슷하기에 오히려 충치 발생의 차이는 이 세균을 얼마나 잘 제거하느냐에 달려 있다.

그런데 이 세균의 제거는 약으로 되지 않는다. 이 세균은 우리 입안에서 함께 살고 있기 때문이다. 억지로 제거해서도 안 된다. 이 뮤탄스균을 약품으로 제거하면 또 다른 균이 침범해 와서 입안에 많은 염증을 일으킨다. 이렇게 뮤탄스균은 다른 균의 침입을 막아주는 역할도 한다. 어찌 보면 이로운 균인데, 이놈이 충치를 유발하는 것이 문제다. 가그린 따위의 구강청정제를 "일주일 이상 쓰지 마세요."라고도 하는데, 바로 이 때문이다. 그래서 이 충치균을 매일매일 닦아서 잇몸과 치아 표면에서 제거해 주어야 한다. 즉, 치아를 골고루, 오래, 꼼꼼히 닦아주어야 한다는 것이다. 그러기 위해서는 잇솔질을 그냥 하지 말고, 반드시 회전법으로 해야 한다. 회전법은 책이나 유튜브를 통해서도 배울 수 있다.

회전법 연습

문제는 새로 회전법을 익히는 일이 쉽지 않다는 것이다. 그러나 쉽지 않더라도 꾸준히 자기 전에 3개월 내지 6개월 동안 연습하면 가능하다. 탁구나 테니스, 수영을 배우는 것처럼 맘먹고, 달력에 체크를 해가며 배울 필요가 있다. 왜냐하면, 이것은 남을 위하는 일이 아니라 자기를 위하는 일이고, 나중에 발생하는 수많은 고통과 비용을 덜 수 있는 일이고, 무엇보다도 충치 예방에는 이것 말고는 다른 방법이 없기 때문이다. 그리고 자신이 숙달되면 우선 자녀에게도 가르쳐 주어야 한다. 이는 매우 효과적인 투자이다.

학교 잇솔질 사업

회전법은 국민 잇솔질법이다. 그런데 이 회전법은 저절로 되지 않는다. 오랜 시간 연습이 필요하다. 그래서 잇솔질 교습은 초등학교 1학년 때부터 해야 한다. 1학년 때 잇솔질 교습을 해야 하는 이유는 다음의 세 가지이다.

첫째, 초등학교 1학년인 만 6세에 인간에게 가장 중요한 영구치가 처음 나오는데, 그것이 '6세 구치'이다. 구치臼齒란 어금니라는 뜻의 한자어이다. 치열의 중앙에서부터 세어서 여섯 번째 치아(6번 치아)이다. 어린이는 그전까지는 유치만 20개가 있다. 맨 처음으로 이 6번 치아가 나오는데, 가장 크고 가장 오래 써야 하는 치아이다. 그런데 이 치아가 나오자마자 충치가 생기는 수가 많다. 그것은 아이들이 잇솔질을 잘하지 못하고, 단 것을 좋아하기 때문이다. 이 치아에 충치가 생겨도 가끔 엄마들은 유치가 상한 줄 모르고 방치하기도 한다. 눈에 보이지 않으니 충치가 생겨도 잘 모른다. 어려서 이 치아를 잃으면 평생 건강에 큰 지장을 주게 된다. 그러한 이유에서라도 초등학교 1학년부터 치아 예방은 강조되어야 한다.

둘째, 현재 학교가 아니면 회전법을 가르쳐 줄 수 있는 곳이 없다는 것이다. 치과에서 가르치면 된다고 생각할지 모르겠으나, 올바른 잇솔질법은 온 국민 누구나가 배워야 하는 법이지, 치과에 다니는 사람만 배우는 기술이 아니다. 또 치과에서는 바빠서 잘 가르쳐 주지도 않고, 치과에서 잇솔질 교습을 한다고 해도 그 강습비를 받기가 쉽지 않다. 그리고 엄마부터가 회전법을 잘 모르니까 학교에서 치위생사 선생님이 가르쳐 주지 않으면 알 수가 없다. 학교에 치위생사가 배치되어 있지 않으면 해당 보건소의 치위생사가 지역 내 초등학교를 순회하며 교습하여야 한다.

셋째, 학교가 아니면 매일매일 의무적으로 잇솔질 교습을 할 데가 없다. 회전법 잇솔질은 매일매일 연습하여 6개월 동안은 해야 한다. 어린 아동이라면 더 걸리기도 한다. 이렇게 매일 빠지지 않고 잇솔질을 교습시킬 수 있는 곳은 초등학교밖에 없다.

요즘은 학교에 양치실이나, 보건실, 그리고 전 학년이 동시에 시행할 수 있는 야외 양치시설이 잘 갖추어져 있기에 잇솔질 교습이 가능하다. 점심시간 후 일률적으로 10분간 전 학년이 잇솔질을 하는 제도가 하루속히 마련되어야 한다. 말로만 '점심 후에 양치' 강조하면서 실제로는 하지 않는 것이 모순이다. 전문가들은 지난 수십 년 동안 초등학교에서 학생 잇솔질 사업을 해야 한다고 건의해 왔으나 거의 무시되었다. 이제는 엄마들이 나서야 할 때이다.

*대한예방치과학회 홈페이지-올바른 이 닦기를 참조하세요.

23. 회전법 잇솔질 어떻게 하나요

제일 먼저 이를 닦자?

예방치과 대학원에 들어가서 예방치과 공부를 새롭게 다시 하는데, 지도교수님께서 동요가 잘못되었다고 가끔 말씀하셨다. "둥근 해가 떴습니다 자리에서 일어나서 제일 먼저 이를 닦자 꼭꼭 씹어 밥을 먹고 가방 메고 인사하고 유치원에 갑니다…" 요즘도 이 노래를 애들에게 가르치는지 모르겠으나, 당시에는 꽤 유명한, 국민이라면 모르는 사람이 거의 없는 동요였다.

이는 언제 닦는가. 그리고 이는 하루에 몇 번 닦는 게 정답인가? 이는 자기 전에 닦는 것이 가장 중요하다. 그리고 세 번의 식후에 닦는다. 그러니까 원칙적으로 하루에 네 번 닦는 것이 정답이다. 그런데 일상생활에서 네 번의 잇솔질이 너무 번거롭거나 현실적으로 어려운 경우 두 번을 강조하는데, 가장 중요한 것이 잠자기 전이고, 그다음 아침밥을 먹고 나서다.

잠자는 동안에는 침의 분비가 줄어든다. 그리고 입이 아무 운동도 안 하기에 구강의 자정작용도 줄어든다. 그러므로 잠자는 동안 치아와 구강의 세균이 가장 왕성하게 활동한다. 그 직전에 잇솔질을 충분히 해서 구강 내 세균의 숫자를 충분히 줄여줄 필요가 있다.

문제는 동요인데, 실제로 아침 식사 후에 잇솔질을 해야지 식사 전에 잇솔질을 한다면 잇솔질의 의미가 없어진다. 방 청소를 하고 나서 신발을 신고 방에 들어간다면 방 청소하는 의미가 없다. 그러나 실제로 사람들은 아침 식사 전에 잇솔질을 하지만 아침 식사 후에 잇솔질을 하지는 않았다. 40년 전인 그때는 그랬다. 요즘은 많이 나아졌지만. 구강보건 교육자인 지도교수님은 〈둥근 해가 떴습니다〉 동요 가사를 예로 들면서 애들 교육부터 잘해야 한다고 자주 강조했다.

올바른 회전법 잇솔질

회전법의 목표

① 세균 제거: 치아 표면, 치은열구(치아와 잇몸의 경계부), 잇몸 표면의 세균 제거.

② 마사지: 잇몸 세포를 칫솔로 마사지해주어 잇몸 세포의 혈액순환을 돕기.

회전법의 목적

① 충치의 예방(치아 부분)

② 치주병의 예방(잇몸 부분)

회전법의 방법

① 치아와 잇몸의 안쪽, 바깥쪽, 씹는 면 세 부분을 모두 닦아준다.

② 팔로 위아래, 혹은 앞뒤로 닦는 것이 아니라 손목으로 돌린다.

③ 손목을 돌려(회전)가며 치아의 뿌리 부분에서부터 머리 부분까지 칫솔을 180도 돌려가며 닦는다(양방향이 아니고, 한 방향으로 진행하며 닦는다).

④ 윗니를 닦을 때는 칫솔이 하늘을 향하고, 아랫니를 닦을 때는 칫솔이 땅을 보도록 향한다(칫솔의 단면이 치아를 바라보는 것이 아니다. 그렇게 하면 180도가 나오지 않는다).

⑤ 그렇게 천천히 손목을 돌려서 한번 쓸어내린다. 같은 동작을 부위별로 10회 한다.

⑥ 위아래 치아의 바깥쪽, 안쪽, 씹는 쪽 세 면을 다 닦으면 초심자의 경우 20~30분이 걸린다.

⑦ 자기 전에 하루 한 번씩만 연습하면 3~6개월 만에 익숙해
진다. 회전법은 연습이 필요하다. 이렇게 6개월을 투자해
서 평생 치아 건강을 보장받는다.

⑧ 6개월 후 숙달되면 4분 이내에 닦을 수 있게 된다. 아무리
숙달되어도 3분 이상은 소요된다.

바스법

바스Bass법이라는 것도 있는데, 이는 좀 더 어려운 법으
로서 잇몸이 안 좋은 부위에 사용하는 방법이다. 바스법에 관심
을 두기 전에 우선 국민 칫솔질법인 회전법을 익혀야 한다. 바스
법을 필요로 하는 정도라면 치과에서 잇몸치료를 받고, 바스법
을 가르쳐 달라고 하는 것이 좋다. 바스법은 한마디로 진동법인
데 잇솔모를 치은열구 부위에 넣고, 잇솔을 이동시키지 않고,
손목을 부르르 떨어서 치은열구 내의 세균과 찌꺼기를 제거하
는 법이다.

어떻게 배워야 할까

모든 국민은 치과에서 의사에게 회전법을 가르쳐 달라고

할 권리가 있다. 그게 의사가 해야 하는 일이기 때문이다. 그러나 잇솔질 교습은 힘이 들고, 수입에도 도움이 안 되고, 많은 시간을 필요로 한다. 더욱이 많은 환자는 그런 과정 자체를 귀찮아한다. 과거에 우리 치과에서도 내가 환자분들께 잇솔질을 가르쳐 드리려고 하면, '바빠서, 다음에…' 이런 반응을 보인다. 그러니 잇솔질을 배우고 싶으면 치과의사에게 적극적으로 가르쳐 달라고 해야 한다. 특히 스케일링 후에 잇솔질법을 가르쳐 달라고 할 수 있다. 잘 안 가르쳐 준다면, 가르쳐 주는 치과를 찾아가야 한다.

〔회전법 잇솔질〕

A 상악은 위에서 아래로, 하악은 아래에서 위로 각 부위마다 같은 동작으로 6~10번씩 닦는다.

B 순면은 치은에서 치아 방향으로 돌리며 닦는다.

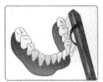

C 구치부의 협면은 치은에서 치아 방향으로 돌리며 닦는다.

D 구치부 설면은 치은에서 치아 방향으로 돌리며 닦는다. 칫솔 손잡이가 중절치 사이를 지나야 제대로 닦을 수 있다.

E 전치부의 구개면과 설면은 칫솔은 세워서 안쪽에서 바깥쪽을 향해 큰 원을 그리듯이 훑는다.

F 교합면은 앞뒤로 왕복운동을 한다.

24. 의사가 고칠 수 없는 병

조직이 섬세한 부위의 파괴

의사가 고칠 수 없는 병이 있을까? 어떤 것일까? 의사가 못 고치면 죽는다는 것 아닌가? 하지만 인간은 누구나 늙고 죽게 되어있다. 죽을 때가 되어서 죽지 않으려는 것이 오히려 병이라면 병이다. 나이 들어서 죽을병을 앓으면서도 최고급 대학병원에서 큰돈을 들여가면서 비싼 검사나 하고, 없는 돈에 최고급 약을 먹으며 생명 연장하려 애쓰는 것도 병이다. 하기야 요즘은 죽으려고 해도 의사가 못 죽게 하니까, 그것도 문제다.

의사가 고칠 수 없는 병은 이를테면 고혈압도 평생 약을 먹어야 한다는데, 고혈압은 고칠 수 없는가? 운동을 열심히 하고 현미 채식을 하면 고쳐진다고 한다. 좋아지지만, 의사가 고쳐주는 것은 아니다. 당뇨병은 더하다. 당뇨병도 임시방편 약으로 혈당을 낮춘다. 하지만 췌장에서의 인슐린 분비가 스스로 조절되려면 본인의 운동과 섭식이라는 방법밖에는 없다.

신장병은 더욱 그러하다. 왜냐하면, 신장에서 소변을 만드는 사구체라는 것은 한쪽 신장에 백만 개씩 있는 아주 섬세한 조직인데, 이것은 한번 파괴되면 절대로 재생되지 않는다. 너무나 미세하고 정교하기 때문이다. 예를 들어, 컴퓨터에서 사용하는 매우 미세하고 정교한 메모리 칩이 망가졌다면 고칠 수 있겠는가. 사구체가 20~30% 파괴되면 본인은 모를 수 있고, 40~50% 파괴되면 약을 먹고 음식을 조절하며 지낸다. 칼륨 배출이 어려워서 싱싱한 채소를 못 먹는다. 그 이상 파괴되면 혈액투석을 해야 한다. 그러면서 신체의 기능은 현격히 저하된다. 우리 어머니도 신장병으로 타계하셨다. 그러면 의사가 신장병을 고칠 수 있나? 의사는 그저 미봉책을 쓸 뿐이다. 한번 파괴된 신장 조직은 절대로 재생되지 않는다는 점에서 의사가 병을 고쳐주는 것은 아니다. 그저 대처만 해줄 뿐이다. 더 나빠지지 않게 해주면 다행이다.

또 한 가지 예를 들면, 눈(안구) 세포도 한번 파괴되면 끝이다. 의사가 눈먼 소경을 눈뜨게 해주는 일은 없다. 안구 세포를 살릴 수는 없다는 뜻이다. 미세하고 섬세한 세포일수록 한번 죽으면 재생하지 않는다. 신경세포나 뇌세포 같은 것이 그렇다. 술, 담배를 많이 해서 뇌세포가 일찍 파괴되어도 그렇다. 그런 점에서 나도 젊은 시절에 조금 후회되는 부분도 있다. 이것은 피부나 뼈처럼 한번 파괴되어도 다시 잘 재생되는 조직과는 다르다. 재생과 치유가 잘 되는 부위는 혈액 공급이 풍부한 곳이다.

절대로 재생되지 않는 잇몸뼈

치과에도 재생이 안 되는 그런 곳이 있으니, 바로 '잇몸뼈'이다. 잇몸뼈는 잇몸으로 덮여 있어서 보이지 않지만, 매우 미세하고 정교하다. 혈액 공급도 잘 안된다. 그래서 한번 파괴되면 절대로 재생되지 않는다. '절대로'라는 말은 가능한 한 쓰지 말라고 하는데, 여기서는 절대로다.

잇몸뼈는 '치아를 붙잡고 있는 뼈'이다. 다른 말로 잇몸뼈는 '치아가 박혀있는 뼈'이다. 그러므로 이 잇몸뼈(치조골)가 한번 파괴되면 치아는 매우 약해진다. 이 잇몸뼈가 50% 정도 소실되면 씹을 때 아프게 된다. 더 심해지면 잇몸에 고름도 생기고, 피도 많이 나고, 그러다가 치아가 흔들리면 치아를 잃게 된다. 치아의 처지에서 보면 그것은 치아의 죽음이다. 치아를 살리는 곳이 치과인데, 치아의 죽음이라면 더는 치아의 미래는 없는 것이다.

치주병은 이런 것이다. 흔히 풍치라고도 하고, 잇몸병이라고도 한다. 같은 말이다. 학문 용어로는 '치은염이 진행하여 ⇨ 치주염이 되고 ⇨ 치조골이 소실되고 ⇨ 치주맹낭pocket 이 깊어져서 ⇨ 발치'를 하게 된다. 초기에 잇몸에만 염증이 있는 상태를 치은염이라고 하는데, 그것이 더 진행되면 치조골을 녹이기 시작하여 치주병이 심해지는 것이다.

이 치주병은 매우 무서운 병이다. 곧바로 치아의 상실(치아의 죽음)로 이어지기 때문이다. 그런데 문제는 치주병이 40~50%까지 진행되어도, 즉 치조골이 40~50%까지 파괴(소실)되어도 증상이 없다는 점이다. 환자 본인은 전혀 모른 채 "내 치아는 튼튼하다."라고 생각하는 사람들이 많다는 것이다. 그러다가 사오십 대가 지나면 어느 날부터 음식을 씹다가 갑자기 아프기 시작하고, 1~2년 사이에 그런 치아가 한두 개씩 늘어나고 그러다가 여러 개의 치아가 흔들려서 이를 뽑을 수밖에 없게 되는 것이다.

무력한 치과의사

그렇다면 어떻게 해야 할까? 여기에 대해서 치과의사는 너무도 무력하다. 치과에서는 해줄 수 있는 것이 거의 없다. 치과에서 없는 세포를 살려낼 수는 없다. 치조골은 너무도 예민해서 전혀 재생이 안 된다. 그냥 "쓰시는 데까지 쓰시다가, 자꾸 아프면 뽑아야지요."라는 말밖에는 할 수 없는 것이다.

그러면 치주병에는 전혀 치료 방법이 없나? 치주학 교과서는 천 페이지가 넘는다. 거기에는 여러 가지 치료법과 수술법이 나와 있다. 치주과 전문의도 있다. 그러나 치주 치료란 대부분 상태를 개선시킬 뿐이고 없는 치조골을 재생시키는 치료는 아니다. 쉽게 말해 더 망가지지 않게만 해준다는 것인데, 수술을 아무리 잘해도 세월이 가면서 더 망가지는 것은 어쩔 수 없다.

또한 치주 수술 후에는 '철저한 구강위생'이 필요한데 개인이 집에서 하기 힘들다. 잇몸 관리가 잘 안되어 치주병이 심해진 사람이 수술 후에 과연 얼마나 잇몸 관리를 잘할지 보장할 수 없다. 치주병도 고혈압이나 당뇨처럼 일종의 '생활습관병'인데 생활습관은 원래 그리 쉽게 고쳐지는 것이 아니다.

그래서 잇몸이 나빠서 씹지 못하고, 치아가 흔들리는 그런 환자들이 오면 치과에서는 별로 해 드릴 것이 없다. 불성실한 의사라고 할지는 몰라도 안 될 일을 애써 시간과 노력을 들이고, 고가의 치료비를 받을 수도 없는 일이다. 그래도 열심히 하는 데까지 치료해 주면 고마워하는 사람도 있지만, 그렇지 않은 사람도 있다. 내가 지금까지 안 된다는 이야기만 계속해왔는데, 그렇다면 방법은 없는가? 방법이 있다면 '예방' 밖에는 없다. 그러면 성질 급한 사람은 "어떻게 해야 이 무서운 치주병을 예방할 수 있는가?" 하고 바로 물을 것이다.

치과에서 다루는 병은 크게 보아 두 가지인데 충치와 치주병이다. 치아를 상실하게 하는 가장 큰 원인은 이 두 가지이다. 치관이 망가지면 충치이고, 치근이 망가지면 치주병이다. 그리고 최근에는 충치보다 치주병 때문에 치아를 빼야 하는 경우가 더 늘어났다. 그러니 어찌 보면 충치보다 더 무서운 병이 치주병이다. 그리고 그 치주병을 잘 관리하는 길은 예방밖에는 없다. 그럼 어찌해야 예방이 되는가? 이 비싼 답을 쉽게 가르쳐 드릴 수 있나?

또다시, 올바른 잇솔질

충치 예방의 대표적 예방법은 올바른 칫솔질, 즉 회전법 잇솔질이다. 그런데 치주병 예방의 유일한 방법도 올바른 잇솔질, 즉 회전법 잇솔질이다. 그밖에는 다른 방법이 없다. 회전법 잇솔질은 치아를 파괴하는 두 마리의 주범인 충치와 풍치를 한꺼번에 잡는 유일한 방법이다. 치과에서 그토록 칫솔질을 강조하는 것은 이 때문이다. 그밖에 운동이나 영양이나 다른 처치가 없다.

이것은 무슨 특별한 치약을 쓴다고 해서 될 일도 아니고, 인사돌이나 이가탄 먹는다고 해서 해결될 일도 아니다. 오로지 올바른 구강위생, 올바른 잇솔질 밖에는 없다. 이렇게 생활 습관을 고쳐야 하는 일이기 때문에 치주병은 힘든 병이다.

충치도 치주병도 세균에 의해서 발생한다. 이 세균은 입안에서 늘 살고 있는 균(상주균)이기 때문에 약으로 제거할 수가 없고, 그렇게 제거해서도 안 된다. 이들은 입안에서 다른 병균이 들어오는 것을 막아주기 때문이다. 그러므로 이들을 제거하려면 잇솔질이라는 물리적 방법밖에는 없다. 잇몸이 붓고 피가 나면 잇솔질을 열심히 해 주어서 잇몸을 청결히 해주어야 가라앉는다. 청결히 해준다는 뜻은 곧 세균을 닦아 준다는 뜻이다.

25. 잇몸병은 치료가 안 되나요?

양대 구강병, 충치와 잇몸병

충치 못지않게 우리를 괴롭히는 것이 잇몸병이다. 학술적 표현으로는 치은염과 치주염, 그리고 치조골 소실이다. 치과 질환이 아무리 많다고 해도 결국은 치아 상실이 가장 문제가 되는 것이고, 사람이 치아를 잃게 되는 것은 충치와 잇몸병 이 두가지 때문이다. 그래서 이를 '양대 치과질환'이라고 한다.

충치가 치아의 병이라면, 잇몸병은 그야말로 잇몸의 병이다. 잇몸이 무엇인가? 치아의 뿌리를 붙잡고 있는 뼈, 즉 치조골과 이를 덮고 있는 잇몸에 병이 나는 것이다. 처음에는 염증으로 시작해서 잇몸이 붓고 빨갛게 되고, 피가 쉽게 나고, 그러다가 치조골이 점점 소실되면(녹아나면) 잇몸에 고름이 잡히고, 나중에는 씹을 때마다 아파서 씹지 못하고, 치아가 흔들리다가 결국에는 치아를 빼게 된다. 즉, 이 잇몸병은 충치와는 아무 관계가 없는 다른 병이다. 충치는 어려서나 젊어서 많이 생기지만, 잇몸병은 40대, 50대 이후에 주로 문제가 된다.

잇몸이라고는 해도 사실은 치조골이 문제이다. 치아의 뿌리를 붙잡고 있는 것이 치조골이기 때문이다. 그런데 잇몸에 염증이 생겨서 오래 진행되면 치조골이 서서히, 수십 년 동안에 걸쳐서 녹아내린다. 치조골은 10대나 20대에 완성된 형태가 되는데, 그 이후로는 치조골이 서서히 나이에 따라서 소실된다. 10년 동안에 치조골이 1mm씩 내려앉는다고 하면 40년이면 4mm가 내려앉는다. 이는 전체 치조골의 약 40% 이상이 파괴되었다는 뜻이다. 왜냐하면, 치아 뿌리의 길이가 대개 9mm 정도이기 때문이다. 한국 사람 대부분은 이런 상태이다.

치아 뿌리는 원뿔형cone이기 때문에 아래로 내려갈수록 좁아진다. 9mm의 치아 뿌리에서 상부 4mm가 녹았다면 뿌리의 표면적으로 보자면 50%가 넘게 파괴된 셈이다. 그런데 문제는 이때까지도 자기 자신은 자기 치아가 튼튼한 줄로 착각하고 있다는 것이다. 그동안은 증상이 없었다. 자동차나 기계가 많이 낡았더라도 심하게 망가질 때까지는 뚜렷한 증상이 없는 것과 같다. 이 치조골의 소실은 전체 방사선사진(파노라마)을 찍어 보면 눈으로 볼 수 있다. 환자들에게 사진을 찍어 보여 주면 자신의 치조골 소실 상태를 보고 놀라게 된다.

치주병이 더 위험

사실은 충치보다 이 치주병이 더 위험하다. 왜냐하면, 치주에 증상이 생기면 거의 치아를 빼야 할 정도가 되기 때문이다. 치주가 아파서 못 씹을 정도가 되면 치료는 고사하고 뺄 수밖에 없게 된다. 충치는 진행 단계마다 아픈 증상이 있다. 충치 상태에서 음식물이 그 속에 들어가면 아프고, 찬 것 더운 것에 아프고, 특히 단 음식이 들어가면 아프다. 또 균이 신경까지 들어가면 매우 아파서 잠도 못 잘 정도가 된다. 그래도 치과에서 신경 치료를 받으면 빼야 할 정도까지 가지는 않는다. 그러나 이 치주병은 방법이 없다. 소실된 치조골을 재생시키거나 만들어 낼 방법은 없다. 치조골은 매우 섬세한 뼈이다. 혈관분포도 거의 없다. 너무 섬세하기 때문이다. 그렇기에 한 번 파괴되면 끝이다. 그런데 이 치조골이 30~40% 이상 파괴되어도 사람들은 모른다. 실제로 대부분 그런 상태이다.

그런데도 치과의사는 잇몸병에 대해서 너무도 무력하다. 치과에서 잇몸병을 치료하여 낫게 해주는 방법은 없다. 단지 잇몸의 상태를 좀 좋게 해주어서 파괴되는 속도를 약간 늦추어 줄 수 있을 뿐이다. 잇몸치료가 필요 없다는 말이 아니라, 잇몸치료로 잇몸 문제가 해결되거나 낫는 일은 없다는 것이다. 다만 완화하고 늦춰 줄 뿐이다. 그래서 잇몸병은 정말 한 마디로 예방밖에는 없다.

잇몸병의 예방법은?

그러면 잇몸병의 예방법은 무엇인가? 이것도 역시 올바른 잇솔질뿐이다. 다른 방법은 없다. 그런데 올바른 잇솔질은 충치의 예방법 아닌가? 그렇다. 그러니까 올바른 잇솔질은 충치와 치주병을 둘 다 예방한다. 일석이조다. 다만 다른 점이 있다면 충치 예방은 치아 표면의 세균을 닦아내는 것이고, 치주병의 예방은 잇몸, 특히 치아와 잇몸 사이의 경계부(전문용어로 치은열구gingival sulcus라고 한다)의 세균을 닦아내는 일이다.

여기의 세균을 닦아내는 데도 역시 회전법이 유용하다. 그리고 잇몸 전체의 혈액순환과 잇몸 표면의 세균을 닦아내기 위해서는 칫솔로 잇몸을 계속 쓸어내려서 마사지 효과와 혈액순환 효과를 높여주어야 한다. 그러므로 회전법은 이 두 가지 목적을 이룰 수 있는 방법이다.

치과에서 그토록 예방을 강조하지만 정작 예방법은 많지 않다. 잇솔질뿐이다. 기타 당분 섭취 제한, 불소의 이용도 있지만 어디까지나 이들은 부차적인 방법이다. 올바른 잇솔질을 하지 않고, 당분 섭취 제한과 불소를 이용한다고 해도 안 된다. 잇솔질을 하지 않고는 두 질환의 주범인 세균들이 제거되지 않기 때문이다. 그러니까 불소 같은 것은 일종의 보조수단이다.

그러므로 올바른 잇솔질을 치과에서 배우거나 유튜브나 인터넷으로 배운 다음 6개월 이상 연습해서 매일매일 실천하는 일이 가장 중요하다. 예방에는 왕도가 없다. 치주병, 잇몸병은 치료가 불가능하고 예방밖에 없기 때문이다.

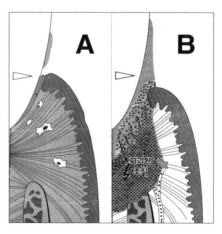

〔그림 설명〕A : 건전한 잇몸조직. B : 치석과 치은염이 많이 진행된 잇몸조직. 검게 변한 왼쪽 부분이 파괴된 조직이다.

26. 칫솔과 치약은 어떤 게 좋은가요?

치약 아닌 '세치제'라고 가르친 나의 지도교수님

대학원 시절 우리 지도교수는 과학적으로 철저하셔서 치약이 약이 아니라는 점을 강조하셨다. 치약이라는 말을 쓰면 국민들에게 '치약만 잘 쓰면 충치나 치주병이 치료된다.'라는 잘못된 지식을 유발할 위험이 있다는 주장이셨다. 그래서 당신께서는 반드시 치약이라는 말을 쓰지 않으시고, 치아를 닦는 물질이라는 뜻으로 반드시 '세치제'라고 쓰시고, 교과서에도 모두 그렇게 쓰셨다. 우리 제자들이 가끔 습관적으로 '치약'이라는 말을 쓰면 그 자리에서 불호령이 떨어졌다.

실은 나도 이 책에서 세치제라는 용어를 써야겠으나, 읽으시는 분들이 너무 힘들어할까 봐 그냥 치약이라고 쓴다. 교수님께는 죄송스럽다.

회전법 잇솔질을 알려주고 나면, 치약은 어떤 것을 쓰는 것이 좋냐고 물어보는 분들이 있다. 치약에는 종류도 많고, 약용치약이라고 해서 1~2만 원짜리도 나와 있다. 심지어는 이 치약을 몇 달만 쓰면 잇몸병이 깨끗이 낫는다는 치약도 있다. 그런 치약일수록 무허가가 많다. 그러나 잇몸병은 그런 치약을 써서 낫는 것이 아니다. 전에도 말했지만 잇몸병은 필요한 치료를 받고, 잇솔질을 밤마다 열심히 하면 더 나빠짐을 막아줄 수 있을 뿐이다. 비타민이나 영양제 한두 알씩 먹는다고 나쁠 것은 없지만 그게 해결책은 아니다.

우선 치약은 한마디로 비싸나 싸나 큰 차이가 없다. 다 잘 만들기 때문이다. 나는 슈퍼에서 가장 싼 2080 치약을 사서 쓴다. 나머지는 향기, 감촉 뭐 그런 차이일 뿐이다. 우리나라의 치약 시장은 매우 크다. 나는 석사 논문 쓸 때 이것을 조사했는데, 모든 치과의사가 벌어들이는 돈보다 치약 시장의 매출액이 훨씬 컸다. 치과의사들이 아무리 잘난 체해도 돈으로는 럭키치약(지금의 LG생활건강) 한 품목만도 못했다. 어쨌든 결론은 치약은 아무 치약이나 써도 된다는 것이고, 비싼 치약이라고 해서 더 좋을 것도 없다는 것이다. 소금으로 닦으면 좋냐고 물으시는 분도 계시다. 나는 소금이 치약보다 더 좋을 건 없지만 특별히 더 나쁠 것은 없다고 생각한다. 생리식염수도 소금물이니까 소금이 치아에 나쁠 건 없을 것이다.

빳빳한 칫솔이 좋다

그러나 칫솔은 치약하고는 다르다. 매우 중요하다. 회전법을 제대로 하려면 솔이 상당히 빳빳해야 한다. 그래야 세균도 잘 제거되고, 플라크plaque도 잘 제거된다. 플라크는 치아 표면에 생기는 세균의 막인데 저절로 제거되지 않는다. 칫솔로 닦아서 물리적으로 제거할 수 있을 뿐이다. 잇솔질이 제대로 되지 않으면 이 플라크는 몇 주일이고 몇 달이고 붙어있으면서 치아를 녹인다. 그래서 충치가 생기는 것이다.

개울을 건너가다가 돌을 밟으면 갑자기 찍 미끄러지는 수가 있는데, 이는 돌의 표면에 있는 '물이끼' 때문이다. 말하자면 플라크란 치아에 생기는 '물이끼' 같은 것이다. 치태齒苔, 이똥이라고 한다. 그런데 이것은 정확히 표현하면 이끼가 아니다. 세균막이다.

플라크가 프라그로 된 것은 일본말 때문이다. 부광약품이 일본에서 쓰는 '안찌뿌라꾸' 치약의 브랜드를 사용하면서 프라그라고 했기 때문이다.

세균막이 제대로 제거되려면 빳빳한 솔을 써야 한다. 그러나 시중에서 파는 칫솔은 하나같이 너무 부드럽다. 좋지도 않은 것들이 비싸기는 하다. 모두 쓸모없는 것들이다. 소비자는 잘 모르고 부드러운 칫솔이 좋다는 생각에 자꾸 부드러운 것만을 산다. 그래서 칫솔 회사에서는 빳빳한 것을 잘 안 만든다. 악순환이다. 빳빳한 것을 쓰면 사람들은 아프고 잇몸에서 피가 난다고 한다. 그러나 그것은 잇솔질 방법을 잘 모르기 때문이다. 또 피가 난다고 해도 빳빳한 잇솔로 꾸준히 닦으면 좋아질 수 있다.

어쨌든 현재는 누구라도 빳빳한 칫솔을 구할 수 없다는 게 가장 큰 문제이다. 그래서 충치예방연구회에서는 '콩세알'이라는 빳빳한 칫솔을 개발해서 팔기도 했다. 그러나 사람들이 잘 모르기 때문에 거의 팔리지 않았다. 나는 이 콩세알 칫솔을 오랫동안 사용했는데, 요즘은 구하기가 쉽지 않다. 수십 년 전에 럭키(LG)생활건강이 만드는 '777 칫솔'이라는 매우 싼 칫솔이 있었는데, 이것이 비교적 솔이 빳빳해서 환자들에게 권해왔다. 하지만 쉽게 구할 수가 없었다. 그런데 한 페이스북 친구가 쿠팡 사이트에 가면 있더라고 알려줬다.

어느 날 조계사 앞 구멍가게에서 사발면을 먹다가 이 유명한 777 칫솔을 발견했다. 재고품인가 싶었다. 1,500원씩에 얼른 수십 개를 샀다. 그러므로 독자 여러분도 가능한 한 빳빳한 칫솔을 구해서 회전법으로 치아 닦기를 권해 드린다.

치실과 치간칫솔

치실은 이론적으로 볼 때 필요한 것이다. 칫솔만으로는 치간(치아와 치아 사이)의 플라크는 아무리 해도 제거되지 않기 때문이다. 문제는 치실이 사용하기 어렵다는 것이다. 그러나 다행히도 요즘은 편의점에서 작은 새총처럼 생긴 간편 치실을 팔기 때문에 이것이 권장된다. 또 치아 사이에 음식물이 박히면 바로바로 제거해 주어야 한다. 그렇지 않고 오래 박혀있으면 이것이 치주병 유발의 중요한 원인이 된다. 치아 사이의 음식물이 바로 치조골을 녹이는 것이다. 예전에는 흔히 이쑤시개를 이용했는데. 요즘은 편의점에서 파는 '치간칫솔'이란 것이 매우 편리하다.

나는 전동칫솔은 절대로 권하지 않는다. 잇솔질의 목적이 무엇인가. 치아에 붙은 세균도 제거하지만 잇몸에 붙은 세균을 제거하는 것이 중요한 목적이다. 이 중에서도 잇몸에 붙은 세균이 치주병의 주범이다. 그런데 전동칫솔은 치아에 붙은 세균만 제거해 준다. 잇몸에 붙은 세균은 전혀 관심 밖이다. 멍텅구리이다. 허리 위만 목욕시키고 허리 아래를 하지 않는다면 목욕을 잘했다고 하겠는가.

마지막으로 물총이 있는데, 워터픽water pick이라고 한다. 이는 특히 임플란트 사용자에게 효과적이다. 잇솔질을 충분히

한 연후에 사용하면 좋다. 그러나 잇솔질 대신에 워터픽만 믿으면 안 된다. 워터픽은 어디까지나 보조수단이다. 워터픽은 배터리용이 아니라 직접 전기 플러그에 꽂아 쓰는 것이 힘이 좋다.

27. 자일리톨과 아스파탐

발암물질 오명 벗은 사카린

사카린은 19세기 말 미국에서 개발된 인공감미료인데, 설탕을 대신한다고 해서 대체당이라고도 한다. 설탕보다 단맛이 300배인 사카린은 싼값으로 설탕을 대신하기 위하여 개발되었다. 사카린이 개발되어 전 식품업계가 이 신비의 물질에 열광하게 되었고, 1960년대 이후 사카린은 단맛의 대명사가 되었다. 그런데 1970년대 중반 캐나다의 한 연구소에서 이 사카린이 발암물질이라고 발표했고, 이 뉴스는 순식간에 세계로 퍼져서 사카린이 발암물질의 대명사처럼 되었다. 그리고 사카린 관련 회사들은 큰 어려움을 맞게 되었다. 그 이후 사카린을 개발한 회사는 다시 과학적 연구와 수십 년의 법정투쟁 끝에 사카린이 발암물질이 아니라는 것을 증명하고 재판에서 승소를 얻어내었다.

우리나라에서도 사카린 때문에 식품회사들 사이에 소송이 있었으나, 2013년경 사카린 무해론으로 재판이 종결되었다. 그리고 2023년에는 한 이탈리아 학자에 의해서 사카린이 오히려 항암성 물질이라는 연구 결과까지 나오게 되었다. 사람들은 잘 모르지만 현재 우리나라 식품에서도 사카린이 매우 폭넓게 쓰이고 있다. 한번은 호텔 커피숍에서 열린 학회에 간 일이 있었는데, 식탁에 놓인 '스윗 앤 로우Sweet and Low'라는 감미료가 있어서 자세히 보았더니 100% 사카린이었다. 그런데 문제는 30여 년 동안의 소송 기간 사카린은 발암물질의 대명사가 되었고, 사카린 관련 업종은 대부분 도산되었다는 것이다. 기업으로서는 매우 불행한 일이었다.

삼양라면 우지 파동

사카린과 비슷한 사례가 우리나라에서도 있었는데, 1989년 삼양라면의 우지파동이었다. 삼양라면에 폐 우지(버려야 할 공업용 불량 쇠기름)를 사용한다는 기사가 여러 신문에 크게 나고, 큰 사회문제가 되었다. 삼양라면은 당시까지도 라면 업계의 일인자로서 신생 라면 업체와 1위 다툼을 벌이는 중이었는데, 결국 이 사건으로 삼양라면은 거의 문을 닫을 지경이 되었었다. 그 이후 재판을 통하여 삼양라면이 폐 우지를 사용하지 않았다는 사실이 밝혀져서 승소하기는 했으나, 판매는 회복이 안 되었다. 신문기자의 공명심과 취재 욕심이 유명한 식품회사를 도산시킬 뻔 했다. 혹시 경쟁업체의 마케팅 전략이었다면 상도의를 저버린 일이었다.

치과계가 권장하는 대체당, 인공감미료

인공감미료는 왜 만드는가. 일단 단맛이 설탕의 수백 배가 되니까, 원가절감 차원에서 개발되었다. 그러나 그 이후 인공감미료는 비용보다는 인체에 대한 설탕의 해로움 때문에 설탕을 대신한다는 대체당으로서의 의미가 더 중요하게 되었다. 오늘날 설탕의 해독은 대단한데, 특히 비만과 당뇨의 주범이다. 식품회사나 제과업계는 단맛을 내야 하는데, 설탕이 인체에 해로우므로 인체에 해롭지 않도록 단맛을 내기 위해서 이 대체당을 그동안 많이 애용해 왔다. 물론 생산단가를 낮추기 위한 목적도 클 것이다. 그러나 개인이, 혹은 가정에서 인공감미료를 사용하는 것은 주로 건강을 위해서이다.

설탕은 당뇨와 비만의 주범이기도 하지만, 동시에 충치와 치주병을 일으키는 주범이기도 하다. 아이들이 사탕을 많이 먹어서 충치가 많이 생긴다는 얘기는 오래전부터 널리 알려져 있다. 그리고 치과계에서도 설탕 덜 먹기 캠페인을 벌이는데, 이는 구강보건에서 매우 중요한 과제이기 때문이다. 그러므로 설탕 대신에 이러한 대체당을 권장해 온 것은 당연한 일이었다. 사람들이 제로-슈가, 슈가-프리를 선택하는 것은 건강 때문이다. 그리고 그것은 동시에 충치 예방효과에도 좋은 것이다. 치과계가 권장해 온 대체당에는 사카린과 자일리톨 제품이 있고, 요즘은 아스파탐 제품도 많이 권장한다.

아스파탐, 커피 모두 2B급 발암물질이라는데

2023년 7월, 아스파탐이 2B군 발암물질로 분류되었다는 세계보건기구WHO 산하 국제암연구소IARC의 발표에 소비자들은 '아스파탐을 먹으면 안 되는가?'라며 놀라고 있다. 복지부에서도 아스파탐 함유 식품의 판매 규제를 어떻게 할 것인가를 논의하였다. 그런데 이 2B군 발암물질은 ① 인간 발암성에 관한 증거가 제한적이고, 동물실험에서는 증거가 불충분했다거나, ② 인간에게서는 증거가 부적당하나 동물실험에서는 증거가 있었던 물질이다.

2B군 발암물질에는 어떤 것들이 있는가. 그 예로는 프라이팬의 코팅, 휘발유 매연(디젤 매연은 1급이다), 커피도 2B군이고, 세탁소의 미세먼지도 2B군이다. 우리는 1급 발암물질인 디젤 매연도 원치 않지만 마시고 있고, 특히 1급 발암물질인 술도 스스로 원해서 마시고 있다. 커피를 자주 마시지만 커피도 아스파탐과 동급의 2B 발암물질이다.

그런데 아스파탐이 커피와 다른 점은 아스파탐은 커피보다는 극미량을 섭취한다는 것이다. 아스파탐의 당도는 설탕의 200배이다. 즉 200g의 설탕을 먹는 대신 1g의 아스파탐을 섭취하는 것이다. 보통 커피나 음료(180cc)에 들어가는 설탕의 양은 2g 정도이다. 아스파탐으로는 0.01g에 해당한다.

아스파탐 0.01g을 먹어서 설탕 2g을 덜 먹을 수 있다면 건강을 위해서는 괜찮은 계산이다. 오히려 권장할 일이다. 그래서 지금까지는 권장해 왔는데, 이번에 WHO의 발표로 사람들이 놀라게 된 것이다. 나는 충치 예방을 위해서도, 그리고 비만이나 당뇨병을 피하기 위해서라도 아스파탐은 권장되어야 한다고 생각한다. 아스파탐을 기피해서 당뇨나 비만이 심해진다면 그야말로 심각한 일이다. 우리나라 식약청에서도 다행히 아스파탐은 별문제가 없다고 발표하였다.

여담이지만 막걸리를 좋아하는 두 친구가 있는데, A 친구는 아스파탐에 개의치 않고 마신다. 아스파탐도 막걸리 맛을 내기 위해서 설탕 대신에 넣는 것이다. B 친구는 아스파탐이 들지 않은 막걸리를 구태여 찾아다니며 비싼 값에 먹는다. 나는 A 친구를 지지한다. 인생 너무 어렵게 살 필요는 없다고 본다.

올리고당과 설탕의 차이

요즘 슈퍼마켓에서는 올리고당이라는 것도 팔고 있다. 우선 올리고당은 설탕과 약간 다른 분자식을 가지는데, 설탕보다 단맛이 덜 하고, 설탕보다 인체 내에서 분해 속도가 좀 느리므로 당뇨환자에게 유리하다고 한다. 당뇨환자라면 모르겠으나 구태여 설탕을 쓰지 않고 값이 비싼 올리고당을 먹을 필요는 없다고 생각한다. 그러나 돈에 신경 쓰지 않는 사람은 올리고당을 먹어서 해로울 것은 없다고 본다.

한때 액상과당이라는 것도 설탕보다는 인체 유해성이 덜하면서 단맛을 낸다고 해서 식품업계에서 애용되었다. 이 액상 과당은 고과당 옥수수 시럽high fructose corn syrup인데, 설탕으로 만들지 않고, 주로 미국 중부의 넓고 넓은 광대한 농토에서 생산되는 옥수수로 만든다. 그래서 생산단가가 낮다. 그러나 그 유해성(비만, 당뇨)이 무시할 정도는 아니기에 최근에는 별로 권장하지 않는다. 그 옥수수가 유전자변형물질GMO이기도 하다.

오늘날은 설탕도 다른 식품에 비해서 그리 비싸지 않기 때문에 설탕이 지나치게 남용되어서 국민건강에 심각한 문제를 일으킨다. 설탕은 국민건강을 위해서라면 현재보다 훨씬 비싸져야 한다. 반면에 설탕의 해로움에 비하면 아스파탐의 위해성은 거의 없다고 생각된다.

자일리톨과 충치 예방

자일리톨은 합성도 있고 천연도 있다. 특히 자일리톨이 충치 예방에 권장되는데 나쁘지 않다. 자일리톨은 단맛을 내지만 그 화학적 구조식은 설탕과 매우 다르다. 그래서 충치균은 이것을 분해하지만 분해물이 그들의 에너지원이 되지 못한다. 결국은 세균이 필요로 하는 에너지를 자일리톨로부터 얻지 못하기 때문에 세균이 고사 되어 세균수가 줄어든다는 것이다.

끝으로 충치와는 다른 이야기이지만 사람이 나이가 들수록 안면근육이나 입술, 혀의 근육도 쇠퇴하고, 두뇌의 활성화도 줄어든다. 은퇴해서 직업도 없다 보면 자연히 사람도 만날 일이 줄어들고, 말도 적게 하게 되고 활동성도 줄어든다. 이때 신체 기능의 약화도 막고, 특히 두뇌 기능의 쇠퇴도 막아주려면 입을 가능한 한 많이 움직여야 한다. 그래서 나는 자일리톨 덕용포장德用包裝을 여러 개 사다 여기저기에 놓아두고 껌을 자주 씹으려 한다. 껌값을 약값 대신으로 쓴다고 생각하면 된다. 치위생사협회에서는 '노화 방지를 위한 입 체조'라는 캠페인도 벌이고 있는데, 자일리톨 껌을 자주 씹으면 자연스럽게 입 체조도 되겠다.

28. 사랑니는 빼야 하나?

8번 치아 사랑니

사랑니는 치열의 맨 끝에서 나는 제3 대구치(세 번째 큰 어금니)를 말한다. 중앙에서부터 세어서 8번째 치아라서 8번 치아이다. 일반적으로 사람의 치아를 상하좌우 각각 7개씩으로 보면 28개를 정상으로 보고, 이 여덟 번째 치아는 과잉으로 본다.

그러나 그것은 일반적인 얘기이고, 평균적인 얘기이다. 사람에 따라서 네 개의 8번 치아가 다 잘 나 있고, 그것으로 잘 씹는 사람도 많다. 즉, 8번 치아가 불필요한 것이 아니고, 제대로 나면 매우 유용한 치아라는 것이다. 또 그 앞의 제2 대구치(7번 치아)가 파괴되거나 상실된다면 그 대용으로 쓸 수도 있고, 8번 치아가 앞으로 쏠려 나와서 7번 치아의 자리를 메꾸어 줌으로써

7번 치아의 대용 역할을 할 수도 있다.

그런데 요즘 치과의원에서는 이상하게도 언제부터인가 "8번 치아는 무조건 빼야 한다."라는 풍조가 생긴 것 같은데, 나는 매우 안 좋다고 본다. 혹시나 치과병원 수입을 올리려는 과잉 진료가 아닌가 하는 의구심도 크다. 일단 8번 치아가 어째서 문제가 되는가부터 따져보기로 하자.

사랑니가 왜 문제인가?

8번 치아가 잇몸 속에 파묻힌 채 제 위치에 나지 않는 상태로 존재하는 경우가 자주 있다. 주로 하악, 아랫니에서 그러하다(윗니에서는 아니다). 이를 매복치라고 한다. 이 매복치가 문제가 되는데, 매복치는 나오다가 만 것이 아니라 다 나온 상태가 그러한 것이다. 이는 앞에 7번 치아 때문에 날 자리가 없어서 나지 못하는 것인데, 이 경우 심한 염증을 일으켜서 극심한 고통을 일으키는 수가 흔하다. 매복치 주위가 붓고 아프다가 더 나아가서 턱까지 퉁퉁 붓고, 더 심하면 턱(입)을 벌리지도 못한다. 이 경우에는 항생제 같은 약을 쓰는 등의 여러 가지 방법으로 염증을 가라앉혀야 하고, 염증을 없앤 후에는 재발을 방지하기 위해서 이를 뽑아야 한다.

매복치의 발치는 특히 어렵다. 개원가에서는 매복치의 발치가 어려우므로 구강외과 전문의에게 보내기도 한다. 구강외과 전문병원에서는 매복치 발치를 주 진료과목으로 하는 곳도 많다. 과거에는 구강외과 전문의가 없고, 일반 치의가 빼야 했다. 지금도 매복치를 얼마나 잘 발치하느냐로 치과의사의 실력을 판단하기도 한다.

매복치는 치아가 옆으로 누운 것인데, 그 누운 이유는 치아가 날 공간이 없어서이다. 그 앞 7번 치아 때문에 진로 방해를 받아서 더는 나오지 못하고 멈춰 가로눕게 되는 것이다. 노련한 치과의사들이 아니면 매복치 발치는 어렵다. 개원을 오래 한 치과의사도 종종 매복치 발치에 실패하는 수도 있다. 나는 어렵게 뽑은 매복치를 버리지 않고 두었다가 가끔 들여다보며 그 당시를 생각하는 버릇이 있다. 의사도 그러하니 환자로서는 더더욱 매복치를 발치하는 일이 큰 두려움이다.

건강보험에서는 매복치의 발치 치료비를 다른 치아보다 많이 쳐 준다. 그래 봐야 몇만 원 수준이다. 수가가 지나치게 싸므로 대개의 개원가에서는 매복치의 경우 치료비를 따로 더 받는다. 그래서 매복치 발치를 피하는 치과의사도 많지만, 동료들에게 "치과의사가 매복치 발치도 안 하면 뭐 해서 먹고살려고 하느냐?"라는 핀잔도 받는다. 그런 매복치를 이제는 서로 뽑으려고 하는 시대가 되었으니 치과의사도 매우 힘들어진 것이다.

매복치는 왜 생기나

매복치는 왜 생기는가. 그 이유는 여러 가지가 있지만 하여튼 치아의 크기와 악골(턱뼈)의 크기가 맞지 않기 때문이다. 치과계에서는 이러한 매복치가 과거에는 별로 없었는데, 현대에 많아졌다고 본다. 현대인들이 과거에 비해서 부드러운 음식, 익힌 음식을 많이 먹기 때문에 치열의 자동 배열 기능이 약해졌을 것이라는 이론이 있다. 그보다는 인구 이동과 교통의 변화로, 또는 다른 인종과의 결혼으로 유전자의 종류가 섞여서 생긴 악골과 치아 크기상의 부조화 때문이라는 설이 더 유력하다.

그런데 요즘 들어서 안 빼도 될 사랑니를 뺀다고 하는 현상이 자주 관찰된다. 그러나 아프고 문제가 되지 않는 사랑니는 뺄 필요가 없는 것이다. 어느 치료나 적은 치료가 가장 좋은 것이고 (Least treatment is the best treatment), 안 해도 되는 치료는 안 하는 것이 좋다.

사랑니를 빼야 할 경우

(1) 일단 상악(윗턱)의 사랑니는 매복치가 없다. 매복치가 일으키는 염증을 지치주위염(사랑니주위염)이라고 하는데, 그런 염증은 상악 사랑니의 경우 전혀 없다. 그러므로 사랑니라도 상악 사랑니는 뺄 필요가 없다. 다만 충치가 심하거나, 심히 한쪽으로 누웠거나, 자리가 옹색해서 답답할 경우 빼도 된다. 그것은 필요가 없는 치아이고, 애착을 가질 필요가 없는 치아이므로 그냥 빼도 된다. 그러나 아무렇지도 않은데 다 빼야 하는 것은 아니라는 말씀이다. 그래서 상악 사랑니의 발치는 취향대로, 자기 맘대로 하면 된다.

(2) 하악(아래턱) 사랑니도 제대로 나 있는 경우에는 전혀 뺄 이유가 없다. 그런데 심하게 누운 경우나, 혹은 일부분만 나와 있고, 상당한 부분 잇몸에 덮여 있는 때도 있다. 이럴 때도 아프지 않으면 빼지 않아도 된다. 약간 아프다고 미리 뺄 필요는 없다는 거다.

(3) 심하게 치아가 누워 있거나 매복된 경우 – 이 경우에도 아프지 않으면 빼지 않아도 된다. 그러나 자꾸 아프거나 많이 아프면 빼는 게 좋다. 그러니까 판단에 어려울 것이 없다. 무엇이든

안 아프면 빼지 않아도 된다. 의사가 판단하지 말고 자기가 판단하면 된다. "사랑니라고 해서 다 빼야 하는 것은 아니다."라는 한 줄의 말을 하기 위해서 여기까지 왔다. 매우 단순하다.

(4) 더 나아가서 매복치조차도 웬만하면, 많이 아프지 않으면 빼지 않는 게 좋다. 왜냐하면, 매복치를 빼면 그 앞의 치아, 즉 7번 치아가 현저히 약해지기 때문이다. 8번 치아를 빼고 나서 후회하는 사람을 많이 보았다. 더욱이 매복치아가 있는 경우에는 7번 치아의 뿌리가 하나인 경우가 많다. 하악 어금니는 굵은 뿌리가 두 개다. 소뿔처럼 생겼다. 그런데 8번 치아가 있으므로 하나님께서 7번 치아의 뿌리는 두 개가 아니라 하나만 만들어주시는 것이다. 그런데 8번을 빼고 나면 7번이 매우 약해진다.

또 하나 알아야 할 게 있다. 8번 치아는 7번 치아 뿌리의 한쪽 벽을 허물어버린다. 이때 8번을 뽑는다고 해도 그 후에 8번 치아가 자리하고 있던 7번 치아 뿌리의 벽(치조골)은 새로 생기지 않는다. 7번의 뿌리는 사방의 벽(치조골)으로 둘러싸이는 것이 아니라, 한쪽 벽이 그대로 허물어진 채로 있는 것이다. 그리고 이 자리에서 계속 염증이 생긴다. 그러니까 8번 치아는 웬만하면 뽑지 않는 것이 낫다는 것이다. 대개 8번을 뽑았기 때문에 나중에 7번도 뽑아야 하는 경우가 자주 발생한다. 환자는 이 사실을 알기도 하고 모르기도 한다. 그래서 나는 8번 치아는 불가피한 경우를 제외하고는 발치를 반대한다. 달리 생각하시는 치과의사도 있겠지만, 나는 그렇게 생각한다.

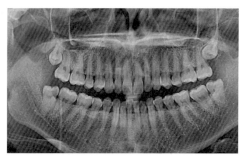

상하악의 8번 치아가 모두 나 있다. 굳이 뺄 필요가 없다.

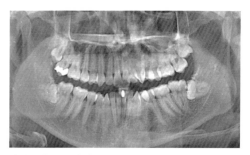

하악 8번은 심하게 매복이지만, 증상에 따라서 발치 여부를 결정한다. 하악 6번 치아의 뿌리는 정상이지만, 7번 치아의 뿌리는 8번 때문에 대개는 한 개만 난다.

29. 불소치약이 더 좋은가요?

미국 거의 모든 대도시에서 실시되는 수돗물 불소화

불소가 충치를 예방한다는 것은 잘 알려진 사실이다. 불소의 충치 예방효과는 1913년경부터 입증되기 시작했다. 1945년에는 미국 일리노이주 두 도시의 수돗물에 시범사업을 하여 높은 효과를 나타내는 것으로 조사되었고, 그 이후 지금까지 70여 년에 걸쳐서 미국의 거의 모든 대도시에는 불소 수돗물을 공급하게 되었다. 이것은 모든 도시민의 충치 예방을 목표로 하는 것인데, 특히 형편이 어려워서 치과 치료를 받을 수 없는 수많은 미국의 중산층과 흑인 등 가난한 이들의 충치 예방에 큰 공헌을 하였다.

실제로 미국의 대도시인 뉴욕이나 보스턴, 필라델피아 등에는 1957년부터 수돗물 불소화가 진행되었고, 미국의 대통령이

사는 워싱턴D.C.도 1952년부터 지금까지 불소화가 실시되고 있다. 이렇게 70여 년 동안 미국의 대통령과 모든 중앙정부 인사들이 불소 수돗물을 마시고 지금까지 생활해왔다. 반면에 유럽에서는 수돗물 불소화를 하지 못하고 있는데, 그 이유는 수돗물에 석회 성분이 많아서 마시는 물로 이용되는 비율이 낮기 때문이다.

유럽에서는 불소치약으로

그래서 유럽에서는 오히려 치과에서 불소도포를 해주거나 학교에서 불소용액 양치 사업을 하고, 치약에 불소를 배합함으로써 충치를 예방하려고 한다. 물론 미국에서도 불소도포, 불소양치를 많이 실시하고 있다. 그런데 과연 그 불소치약은 효과가 있는 것일까.

불화물(불소화합물)의 종류에는 여러 가지가 있는데, 불소 자체의 반응력이 강하기 때문에(음이온이 강해서) 불화물 자체의 사용이 까다롭다. 그래서 다른 성분과의 결합이 안정적이고, 치약의 성질과 맛 등을 변하지 않게 하고, 물리적 성질도 악화시키지 않는 여러 가지 불화물의 종류가 시험되고 개발되었다. 그래서 그동안 불화나트륨, 불화주석 등의 경험을 거쳐서 지금은 불소치약용으로 가장 안정된 물질로는 일불소인산나트륨 SMFP이 가장 널리 쓰이고 있다. 그 농도는 대충 1,500ppm으로, 퍼센트로 치면 0.15%에 해당한다.

불소치약 선호하는 한국

그런데 이 SMFP는 우리나라 럭키치약(지금의 LG생활건강)에서 가장 먼저 개발한 것이다. 사실 불소치약의 경우 우리나라가 가장 발달하였다. 일찍이 서울대학교 예방치과와 럭키치약이 공동으로 여러 연구를 통해서 가장 안정적이고 효과적인 불소치약을 개발하려고 노력하였고, 미국이나 유럽보다도 먼저 불소치약의 사용률을 높여왔다. 국민들이 불소치약을 다른 치약보다 선호하고 애용해 준 효과도 크다. 그래야만 치약 회사도 불소치약을 더욱 적극적으로 만들 수 있기 때문이다.

치약에 들어있는 불소는 이를 닦을 때마다 치아 표면에 달라붙어서 일종의 얇은 불소막을 형성하는데, 초기에는 치아의 칼슘 성분과 결합하여 불화칼슘 CaF_2 의 막을 형성하다가, 시일이 지나면서 이들이 서서히 수산화인회석 $Ca_{10}(PO_4)_6(OH)_2$ 의 결정체를 만들어 더욱 치아 표면을 단단하게 만든다.

거의 모든 치약에 들어 있는 불소 성분

그러면 우리나라에서는 어떤 치약을 쓰면 불소치약을 선택하는 걸까? 초기에는 불소치약이라는 브랜드의 상품이 오랫동안 출시되었고 많이 팔려 왔다. 그러다가 치약 시장의 경쟁이 치열해져고 수많은 치약이 저마다 경쟁을 하면서 무수히 많은 브랜드가 등장했다. 그리고 서서히 불소치약이라는 이름은 사라졌다. 그러나 그렇다고 해도 치약 속의 불소가 사라진 것은 아니고, 웬만한 치약에는 거의 모두 불소성분을 넣게 되었다. 치아에 이로운 성분을 넣지 않을 이유가 있겠는가? 그래서 이제는 시판되는 거의 모든 치약에는 불소성분이 들어가게 되었다. 불소치약이라는 이름은 사라졌지만 모든 치약이 불소치약이 된 것이다.

그러나 미국의 경우 전체 치약의 약 70%, 일본의 경우는 전체 치약의 약 50%만이 불소치약이다. 불소치약의 경우, 우리나라가 세계에서 가장 발달한 나라이다. 그만큼 충치 예방의 선진국이라는 것이다. 이 선진국은 불소치약의 경우만 그러한데, 진짜 충치 예방 선진국이 되려면 수돗물 불소화 사업이 제대로 추진되어야 한다.

불소치약의 불화물 농도는 성인용의 경우 1,500ppm이고, 아동용의 경우 1,000ppm 이하다. 여기서 농도를 따지는 이유는 농도가 맞지 않으면 치아 표면에서 원하는 만큼의 불소막이 잘 형성되지 않기도 하고, 혹은 아동의 경우 너무 높은 농도의 불소치약을 사용하면 어린이들이 치약을 삼켜서 치아에 반점치가 생길 우려가 있기 때문이다. 그러나 어차피 어린이용 치약의 경우 1,000ppm이 넘는 치약은 없으니까 부모님들이 걱정하실 필요는 없다.

어리석은 흑색선전

일부 미국의 무책임한 지식인들이 "불소가 나쁘다."라는 잘못된 주장을 했는데, 이에 동조하여 불소 없는 치약을 만들어서 파는 사람들이 생겨났다. "이 치약은 불소가 없는 치약이므로 더 좋다."라고 하여 비싸게 팔고, 또 주문판매를 한다. 나는 이런 치약을 골라서 쓰는 사람들은 현명한 소비자가 아니라고 생각한다. 불소가 좋다는 것은 수많은 과학자와 믿을 만한 의학기관에서 검증한 결과이다. 그것마저 못 믿겠다는 것은 본인의 자유이지만, 결코 본인에게 유익한 일은 아니다.

또 일부에서는 "치과의사가 충치 예방을 위해서 노력한다는 것도 거짓말이다. 왜냐하면, 충치가 많이 생기면 치과의사들에게도 이득인데, 그들이 그런 일을 하겠느냐?"라고도 하는데, 세상을 그렇게 악의적으로만 보는 것은 올바른 삶의 태도가 아니다. '질병이 창궐해야지만 돈을 많이 벌기 때문에 의사들은 병이 더 나기를 바란다. 그러니 의사들이 예방을 강조한다는 것은 거짓말이다.'라는 생각이 과연 올바른 태도이겠는가. 이런 분들은 먼저 자신의 심성부터 점검해 보고, 자기 자신이 그렇게 살아왔는지 돌아봐야 할 것이다. 치과의사들은 진심으로 자기가 치료한 환자들의 병든 치아가 낫기를 바란다. 충치 예방은 더욱 그러하다.

요즘에는 또 '계면활성제가 포함되지 않은 치약'이라고 해서 일부 이상한 단체에서 팔고 있는 것도 본다. 계면활성제가 그토록 나쁜 것이던가? 계면활성제는 특별한 것이 아니고, 비누를 계면활성제라고 부른다. 빨래할 때에 의류의 경계면(때가 묻은 표면)을 활성화해서 때가 잘 빠지도록 하는 물질이라는 것인데, 쉬운 말로 비누이다. 실제로 치약에는 약간의 비누 성분이 들어있는데, 그래야만 구강 내의 미끈미끈한 지방 성분이 제거될 수 있다. 세수하는데, 혹은 목욕하는데 비누를 쓰건 안 쓰건 그건 본인의 자유이다. 그러나 비누를 쓰지 않고 때 묻은 피부를 그대로 유지하면서 살 이유는 없지 않은가. 설사 치약 속의 비누가 걱정된다면 양치 시에 구강을 여러 번 씻어내면 되는 것이다. 수십억의 인류 인구는 그런 치약을 쓰고도 지금 잘살고 있다.

치약의 비누 때문에 수명이 단축된다거나 질병이 생겼다는 일은 없다. 어떤 치약을 쓰느냐는 본인의 자유이지만 나는 그런 일도 어리석다고 생각한다. 계면활성제가 무슨 독극물이라도 되는 줄 알고 기피한다면 그것은 어리석은 행동이다. 진짜 독극물은 후쿠시마 핵 오염수와 같이 다른 곳에 있다.

30. 불소소금을 아시나요?

유럽은 수돗물 불소화 대신 불소소금

소금에 불소를 배합하면 불소소금이 된다. 이는 물론 충치 예방을 위한 것이다. 불소가 충치를 예방한다는 것은 오래전부터 알려졌고, 그래서 치과의원에서는 치아에 불소 도포도 하고, 초등학교에서는 불소용액으로 양치도 한다. 또 충치 예방을 위해서 매일매일 쓰는 치약에도 불소를 배합하여 불소치약을 만들어서 판매하기도 한다. 그런데 소금에도 불소를 배합하는가?

소금에 불소를 배합하여 충치를 예방하자는 생각은 스위스 취리히의 연방공과대학ETH 산하 치과대학에서 시작되었다. 이 대학은 노벨상 수상자를 32명 배출한 유럽 최고의 대학이다. 취리히 공대의 예방치학 교실에서 불소소금이 충치예방에 효과가 크다는 것을 여러 번의 역학적 연구로서 증명해 냈다. 수돗물에 불소를 넣어서 각 가정에 공급하면 충치가 약 60% 예방된다. 거칠게 말하자면 전국 치과의원의 반 이상은 문을 닫아야 한다. 이러한 좋은 사업을 미국에서는 1945년부터 시작했다. 실제로 미국은 치과의원이 너무 비싸고 귀족화되어서 서민들은 이용하지 못한다. 미국 정부는 이렇게 해서라도 치과 불평등을 해소해 보려고 한 것이고, 그 충치예방 효과는 주효했다. 하지만 돈 있는 사람만 치과를 이용할 수 있다는 치과 불평등은 미국만의 이야기는 아니다.

유럽에서는 미국에서 예방치과가 이렇게 발전하는 것을 보고만 있을 수 없었다. 그런데 유럽, 특히 스위스, 프랑스, 독일의 수돗물은 시민들이 대부분 음용수로 쓰지 않는다. 그저 잔디에 물 주고, 세차하고, 샤워하는 데 쓴다. 프랑스의 '에비앙' 생수가 괜히 유명한 것이 아니다. 그래서 고민한 끝에 '소금에 불소를 넣으면 충치 예방효과가 있을까?'라는 방안을 생각해 냈다. 수돗물에 넣는 불소의 농도는 1.0ppm이다. 이 양은 하루에 성인이 2리터(2,000cc)의 물을 마신다고 가정할 때 약 0.002g(=2mg)의 불소를 마시는 것이다. 따라서 하루에 성인이 소금을 약 5g 섭취한다는 것을 상정하여 소금 5g당 0.002g의 불소를 배합하는 것이다.

중남미의 불소소금

　불소배합 소금이 대대적으로 사용되기 시작한 것은 2000
년대 들어서 멕시코부터였다. 남북 아메리카의 보건을 담당하
는 WHO 미주지부인 PAHO 구강보건부는 중미와 남미에 만연
한 충치를 예방하기 위해서 불소배합 소금 사업을 추진하였다.
그 결과 멕시코에서 팔리는 모든 소금에는 불소가 배합되었다.
멕시코의 모든 소금은 현재 불소소금이다. 브라질의 소금도 많
은 경우 불소 소금이다. 그 결과 중미와 남미 지역에서 충치가
상당한 정도로 감소하였다는 학술연구가 많이 보고되었다.

　중남미에는 가난한 나라가 많고, 수돗물이 없는 지역이 많
다. 그러나 수돗물은 마시지 못해도 소금을 먹지 않을 수는 없는
일이다. WHO는 여기에 착안해서 불소소금을 적극적으로 보
급한 것이다. 이처럼 수돗물 불소화 사업이나, 불소소금은 주로
가난한 사람들, 돈이 없어서 충치를 예방하지도 치료하지도 못
하는 사람들, 충치에 대해서 속수무책인 사람들에게 특히 필요
한 것이다.

　이 불소소금은 현재 유럽에 널리 보급되어 있다. 스위스에서
팔리는 소금의 70%가 불소배합 소금이고, 프랑스의 경우에는
50%이다. 스위스의 식료품 시장, 슈퍼마켓에는 불소소금과 일
반 소금이 함께 진열되어 있다. 주부들이 선택할 수 있게 되어

있는 것이다.

시민단체가 수돗물 불소화 운동에 나서야

우리나라 수돗물은 품질이 매우 우수하다. 원래 우리나라 금수강산의 물은 세계적으로도 깨끗하기로 유명하다. 1960년대에 급격한 공업화와 폐수관리 부실로 한때 수돗물을 외면하는 국민이 많았고, 수돗물을 마시지 않는다는 사람이 늘어났었다. 그러나 모르시는 분들이 많지만, 서울시의 수돗물은 그 질이 날로 좋아져서 이제는 외국의 수돗물과 비교해 상당히 우수하게 평가받은 지 오래되었다. 나는 예방치과 전문의로서 수돗물 불소화에 관심이 많아서 여러 나라의 수돗물 생산관리 시설을 견학하고 연구도 하였는데. 지금 서울시의 수돗물 생산과정은 어느 나라와 비교해 보아도 손색이 없다. 우리집에는 물론 정수기도 없고, 생수 배달도 없다. 싱가포르의 정수장을 가보았더니 '막 여과형 이온분리 정수시스템'을 쓴다고 자랑했다. 서울시 상수도사업본부에서도 이미 쓰고 있는 장치였다.

수돗물을 마시지 않는 사람이 많다고는 하지만 그래도 수십 퍼센트의 시민들은 수돗물을 마신다. 가난한 사람일수록 수돗물을 마신다. 그래서 가난한 사람일수록 수돗물 불소화가 필요한 것이다. 정수기를 쓰는 가정도 많은데, 정수기를 써도 불소의 충치 예방효과는 줄어들지 않는다. 왜냐하면, 불소이온의 크기는 물 분자의 크기보다도 작기 때문이다. 또 생수를 배달해서 마신다고 해도 밥을 짓거나 조리를 하거나, 찌개를 끓일 때면 수돗물을 쓴다. 또 외식을 할 때도 당연히 수돗물로 조리된 음식을 먹는다.

이렇게 수돗물에 불소를 첨가하면 그 충치 예방효과는 엄청나다. 불소는 값이 싸기 때문에 비용이 얼마 들지도 않는다. 우리나라는 불소소금을 할 필요도 없다. 수돗물에 하면 되기 때문이다. 그러나 불소소금을 생산해도 된다. 안될 이유가 없다. 실제로 이런 사업은 복지부가 스스로 알아서 시행해야 하고, 그렇지 않다면 시민단체들이 건의하고 추진을 해도 된다. 시민단체는 전문적인 내용을 잘 모르기 때문에 예방전문 치과의사들과 함께해야 할 것이다.

"충치가 예방되면 치과의사들이 싫어할 텐데, 치과의사들이 이런 캠페인을 벌이는 데는 무언가 다른 이유가 있을 것"이라고 하는 음모론적 시각은 매우 부당하다. 의사들이 질병을 예방하려고 하는 것은 의사로서의 사명이고 의무이다. 이것을 무슨 다른 이권이 있는 듯이 매도하는 것 자체가 이치에 맞지 않는 주장이다. 자기 생각과 다른 대상을 사기꾼으로 모는 이런 삐딱한 시각에서 이제 벗어나야 한다. 의사가 질병 예방을 위해서 노력하는 데 무슨 음모나 이권이 있겠는가. 우리 사회도 이젠 소위 인문학적으로 수준이 높아질 때가 되었다. 언제까지 근거 없는 소모적 논쟁을 되풀이해야 하겠는가.

31. 하루라도 빨리 수술해야 하는 구강암

치과 갔다가 구강암 진단받은 스님

내가 재직했던 학교는 재직 10년이 되면 6개월 동안 안식년이라는 걸 준다. 정말 꿀맛과도 같은 기간이다. 2014년 2학기부터 안식년이었는데, 실제로는 6월 말 여름방학부터였다. 8월에는 오랫동안 벼르고 벼르던 중국 사찰 배낭여행을 했다. 여행에서 돌아와서 석 달 동안 존경하는 스님이 계시는 횡성 절에서 생활을 해 볼까 했으나 이리저리 따져보다가 포기하고, 해인사 원당암에 들어갔다. 종정이신 혜암 스님께서 재가불자들을 위해서 오랫동안 가꾸어 놓으신 선방이다.

원당암에서 한 달쯤 되었을 때 저녁을 먹고 나서 산책 중인데 바로 그 횡성 스님에게서 핸드폰으로 전화가 왔다. 그 스님 절에 들어가지 않은 것에 대해서 뭔가를 들킨 것처럼 뜨끔하며 전화를 받았더니, 당신의 치과 질환에 관한 말씀이었다. 말씀인즉, 2년 전엔가 윗니 맨 끝의 어금니를 뺐는데, 뿌리가 다 안 빠졌는지 그 자리에 조그마한 상처가 나서 낫지 않고 그대로 남아 있다는 것이었다. 치과의사가 이를 빼다가 뿌리 쪼가리를 미처 보지 못하고 남겨두는 일이 흔하다. 그래서 천호동 친구 치과에 가서 빼라고 말씀드렸다.

그런데 얼마 후 천호동 친구로부터 전화가 왔는데, 상처가 수상해서 서울대학병원으로 가보시라고 했다는 것이다. 아무래도 암이 좀 의심된다는 것이었다. 나중에 스님 말씀은 마침 조카가 서울대학병원 이비인후과 의사라서 조카에게 갔고, 구강암 진단을 받고 약물치료 중이라 했다. 조카가 서울대학병원 의사라 하니 치료처로는 가장 좋은 곳이었지만, 한편으로는 암이라 하니 걱정이 되기도 했다.

재발한 구강암

구강에도 암이 생기는가? 암은 잇몸이나, 볼과 혀, 특히 목구멍 부위, 즉 인두 후두 부위의 연조직에 생긴다. 그래서 구강인후암oro-pharyngeal cancer이라고도 한다. 암은 주로 세포 분열이 활발한 상피조직에서 많이 발생하는데, 바로 구강조직이 세포분열이 왕성한 상피조직이다. 세포분열이 비정상적으로 많이 진행되면서 정상세포가 아닌 비정상 세포가 계속 멈추지 않고 생기는 것이 암이다. 이러한 진행이 특히나 빠른 곳이 구강이고, 그래서 구강암은 다른 암보다 매우 치사율이 높다.

스님의 암이 걱정은 되었지만 그래도 조카가 서울대병원에서 치료해 준다니 더 좋은 방법은 없으리라 생각했다. 1년 후 스님은 암이 다 나았다는 소식을 전해오셨다. 참으로 다행이다 싶었다. 그러나 그로부터 1년 후 다시 상처 부위에 다른 병소가 또 생기고, 암이 재발했다. 그래서 혹독한 방사선 치료와 항암 치료를 받으셨다. 그러다가 이번엔 1년쯤 버티다 타계하셨다. 스님은 방사선 치료와 항암치료(화학요법=투약) 과정이 매우 고통스러웠다고 토로하기도 했다.

3년 전에 내가 스님을 직접 모시지 않고 원당암으로 내뺀 것에 대한 죄스러운 마음도 들었다. 직접적인 인과관계는 없더라도 혹시 내가 그때 스님 절에 가 있었다면 스님에게 구강암이 발생하지 않았을지도 모른다는 그런 엉뚱한 자책감까지 들었다. 나중에 병간호하던 보살님 말씀을 들으니, 투병 중에도 스님은 내 얘기를 자주 하셨다고 한다. 이 말씀을 듣고 보니, 내가 스님께 소홀히 했다는 죄책감이 더욱 커졌다.

구강암은 하루라도 빨리 수술해야

아, 시골에 내려가 농사짓던 친구의 구강암 얘기를 또 하려니까 가슴이 먹먹하다. 자주 만나지는 못하고, 휴가 때 가끔 친구의 시골집에서 묵었는데, 산채 백반을 그득히 차려주던 생각이 난다. 하루는 이 친구로부터 전화가 왔다. A 대학병원에서 구강암 진단을 받고, 당장 수술하자는 것을 잠깐 연기해 두고, 좀 더 알아보기 위해서 내게 전화를 했다는 것이었다. 그래서 조직검사를 했냐고 했더니, 안 했단다. 나는 "무슨 병원이 조직 검사도 안 해보고 암이라고 하면서 칼부터 들이대냐."라고 개 탄을 하고, 다른 병원에 가서 우선 조직검사부터 해보라고 했다. 얼마 후 다른 병원에 갔더니 거기서도 수술부터 하라 했다는 연락이 왔다. 이상한 생각이 들어서 구강외과 선배에게 자초지종을 얘기했더니, 구강암이 의심되면 무조건 하루라도 빨리 수술을 하는 것이 가장 중요하다는 것이었다. 그러면서 무조건 서울대학병원의 누구누구에게서 하루라도 빨리 수술을 받아야 한다는 것이었다. 그제야 내가 잘못한 것을 알았다.

나는 나의 돌팔이 짓에 심한 죄책감을 느끼며, 벌써 3주나 지 났는데 내가 지도를 잘못해서 이 친구 생명에 큰 사달이 났다고 생각하며, 하루라도 빨리 서울로 와서 수술을 받으라고 전화를 했다. 그러나 그는 그냥 지방에서 수술하면 안 되겠냐, 서울에서 수술을 받는 것은 현실적으로 너무 어렵다는 반응이었다. 나는 초조한 마음에 생명이 걸린 문제인데 무슨 수를 써서라도 가장 잘한다는 의사에게서 수술을 받아야 하지 않겠는가 하였지만, 그는 형편이 그렇게 안 된다고 했다.

그렇게 1년쯤 지난 어느 날 그 친구로부터 전화가 걸려 왔다. 수술을 잘했고, 지금은 건강을 회복했다는 얘기였다. 나중에 구강외과 선배의 말을 들어 보니, 요즘은 구강암도 초기에 빨리 수술하면 낫는 수도 많다고 한다. 최대한 빨리 수술하는 것이 무엇보다 중요하다고 했다.

이런 일들을 겪으면서 나는 또 '구강암은 역시 구강의사(치과 의사)가 다루어야겠구나.'라는 생각을 하게 되었다. 이비인후과 의사, 특히 귀나 코를 전공한 의사들은 전문적인 구강병에 대해서는 잘 모를 수도 있다.

폐암, 구강암, 잇몸병 발생의 제1 원인은 흡연

구강암은 왜 생기는가. 여러 원인이 있고, 대개의 암이 그렇듯이 그 발병 원인이 뚜렷한 것은 아니다. 그러나 구강암의 대표적인 발병 원인으로 꼽히는 것은 단연코 흡연이다. 담배 연기의 타르 성분과 기타 여러 가지 유해 성분이 구강 내 연한 조직과 계속 접촉하면서 연조직 세포의 DNA를 변형시키고, 변형된 DNA가 미친 듯이 변형된 세포분열을 일으키며 멈추지 않는 것이다. 이 담배 연기는 물론 계속 허파로 들어가서 허파 표면의 상피세포에도 영향을 주어 폐암의 직접적인 원인이 된다. 그동안 담배는 폐암의 주범이라고 해서 보건당국에서 금연 캠페인을 강력히 벌여왔는데, 또한 동시에 구강암의 주범이기도 하다. 금연을 유도 촉구하기 위해서 담뱃갑 표면에 끔찍한 암의 사진을 그려 넣는다. 요즘 담뱃갑에는 폐암뿐만 아니라 구강암과 인후암 사진도 종종 볼 수 있다.

또한 최근 연구에서 많이 밝혀진 사실인데 흡연은 치주병(잇몸병) 발생의 제1 원인으로 등극하였다. 치주병 발생의 원인은 모르기도 하고, 다양하기도 하다. 그동안은 주로 피로, 불량 구강 환경, 호르몬, 임신, 당뇨, 스트레스 등등이 치주병 발생의 원인이라고 지목되었지만, 최근에는 첫 번째의 치주병 발생 원인이 다른 무엇보다 흡연이라는 연구 결과가 많이 보고되었다.

요즘에는 담배 피우는 사람이 예전보다 많이 줄었다. 그래도 편의점에 가면 여전히 담배를 사 가는 사람이 많음을 발견하게 된다. 그런데 여성이나 청소년의 흡연율은 증가하고 있다니 매우 경계해야 할 일이다.

32. 나의 척추협착증 발병기

간신히 MRI는 찍었지만

4년 전 원주에서의 일이다. 대학에서 정년퇴임을 하고 나서 호기롭게 귀촌 생활을 한답시고 단신으로 방을 얻어 자취생활을 하고 있을 때였다. 그런데 언젠가부터 계단을 오르내릴 때마다 다리가 약간씩 저릿저릿하고 허리가 시큰거렸다. 몇 군데 정형외과, 신경외과를 다녀보았으나 정확한 병명을 찾아내지 못하였다. 그러다가 어느 날 주민센터 체조 사범한테 다리와 엉덩이 등에 마사지를 받고 난 뒤 다리와 허리가 아파 갑자기 한밤중에 잠이 깼다. 점점 통증이 심해지더니 나중에는 데굴데굴 구를 정도로 아프고, 움직일 수도 없어 바닥을 박박 기어 다녔다.

동이 틀 때까지 기다려 택시를 타고 몇 군데 응급실을 돌다가 급기야 W 병원 응급실을 거쳐서 입원하였다. 허리와 다리는 뻐근하게 아프고, 일어나서 서 있지도 못했다. 일어서면 아프고, 불과 2~3m만 걸어도 아파서 주저앉아야 했다. 며칠 동안을 병실에서 모로 누워 있었다. 담당 의사가 MRI를 찍어보아야 한다고 해서 예약된 날짜에 맞추어 MRI실로 들어갔다. MRI 통속에서 30분 동안을 움직이지 말아야 MRI가 찍히는데, 이를 악물고 참다가 20분 만에 도저히 아픔을 못 참고 중단하였다. MRI 촬영이 아픈 것이 아니라, 꼼짝 않고 버티는 일 자체가 아팠다. 그러나 아무리 아파도 MRI를 다시 찍어보는 수밖에 없겠다 싶어서 다시 예약했다. 며칠 후에 MRI 통 속에서 관세음보살과 반야심경을 외우고 또 외우며 30분의 아픔을 참고 MRI 사진을 찍는 데 마침내 성공하였다.

하지만 사진을 찍으면 뭘 하나. 입원 일주일이 지나도록 꼼짝 못 하고 누워서 지내야 했다. 변비가 심해지고, 식욕이 없어지고, 병원 밥 냄새만 맡아도 욕지기가 나고, 심신이 피폐해져 갔다. 침상에 누워서 종일 창밖으로 보이는 키 작은 노간주나무 한 그루만 바라보는 나날이었다. 병원에서는 가타부타 말도 없고, 무슨 병이라는 얘기도 없이, 아침저녁으로 약만 한 움큼씩 주는 것이 전부였다. 이렇게 해서는 안 되겠다 싶어서 무조건 퇴원을 했다. 절뚝거리며 가까스로 병원 입구까지 나와서 택시를 탔고, 기차를 이용해 서울 집에 도착했다.

척추협착증인데 걱정할 거 없다?

걷지는 못하고 자리에 누워서 이 궁리 저 궁리 하다가, 지푸라기라도 잡는 심정으로 삼성병원 신경외과 과장으로 있는 친구에게 밤늦게 전화했더니 일단 MRI 사진을 보자고 한다. 당장 움직이기도 어려운데 W 병원에서 준 MRI CD를 어찌 전해줄까 고민하다가, 컴퓨터 앞에서 이메일로 보내 보았다. 신기하게도 잘 들어갔다. 다음 날 아침, 친구에게 전화가 왔다.

"야, 이거 척추협착증이야. 근데, 너 별로 걱정할 것 없어. 그냥 한 몇 달 있으면 좋아져."

"그럼, 아무것도 안 해도 좋아져?"

"뭐 그냥 집 주위 매일 산책 좀 하고, 매일 반신욕을 해."

"그럼 약도 안 먹어?"

"뭐, 약 같은 거 소용없어."

의사 친구의 말을 따라 했더니 나의 척추협착증은 3개월 만에 좋아졌다. 아, 경막외신경차단술이라는 척추 주사를 세 번쯤 맞았다. 그러나 그 덕에 병이 나았다고 생각하지는 않는다. 약간의 도움을 주었을 것이다. 아직도 조심하고는 있고, 특히 자세에 신경 쓰고, 바닥에 앉거나 푹신한 소파에 앉는 것은 금기이다. 가능한 한 허리를 꼿꼿이 하고, 의자 생활을 한다.

협착증은 척추 내부의 신경관 내측의 구멍이 좁아져서 신경을 누르게 되면 나타나는 증상이다. 척추 안쪽으로 굵은 척추신경이 지나가는 구멍관이 있는데, 이 구멍의 내벽에 불순물이 쌓여서 굳어지면 구멍이 좁아져서 신경을 누르게 되는 것이다.

잘 다뤄야 하는 퇴행성 질환

그런데 나중에 세월이 지나서 알고 보니 내 주위의 여러 사람이 척추협착증을 경험하고 고생했다. 협착증은 일종의 퇴행성 질환이다. 퇴행성 질환이란 나이가 들어 여러 가지 신체 기관이 오래되고 낡아져서 생기는 현상을 말한다. 나이가 들어서 귀가 어두워지고, 눈이 어두워지는 것이 퇴행성이다. 달리기 속도가 느려지고, 기억력이 없어지는 것도 퇴행성이다. 나이가 들면 치조골이 소실되어 잇몸이 약해지는 것도 일종의 퇴행성이다.

물론 개인차는 있다. 이 개인차가 중요하다. 자신의 몸을 어떻게 다루느냐에 따라서 퇴행성 증상이 빨리 오기도 하고 늦게 오기도 하고, 간단히 오기도 하고 심하게 오기도 한다. 어떤 사람은 자동차를 사고 나서 험하게 다루어 10년도 안 지나 차가 낡아버리고, 어떤 사람은 잘 관리하며 써서 30~40년 동안 깨끗하게 유지한다. 우리 몸도 마찬가지다. 그러나 세월이 가면 낡아지는 것은 어쩔 수 없는 일이다. 이는 늙음의 한 현상이고, 늙더라도 죽는 날까지 건강하게 오래 쓰는 것이 현명한 삶이다.

척추협착증만해도 그 병의 정도는 여러 가지이다. 나처럼 쉽게 좋아질 수도 있고, 오랫동안 고생할 수도 있다. 나는 협착증에 걸리고 나서야 그토록 협착증 환자가 많다는 것, 웬만한 60대를 거치면서 대개 누구나 한 번씩은 경험한다는 것, 협착증 치료를 잘한다는 병원, 의원이 넘쳐난다는 것을 알았다. 그토록 흔한 협착증 전문병원 간판들이 내가 겪기 전에는 전혀 눈에 들어오지 않았다. 그런데 나는 저런 협착증 병원 신세를 거의 안 지고 병이 좋아졌는데, 저 수많은 협착증 병원들은 대체 무슨 치료를 하고 무슨 약을 써서 협착증을 고쳐준다는 말인가?

자가 치유 능력을 믿어야

위에서 말한 삼성병원 신경외과 친구가 쓴 책을 보면, 협착증이나 디스크(추간판탈출증)나 거의 유사한 상황에 해당하는데 수술해야만 할 경우는 전체 질환의 5% 이하라고 한다. 나처럼 별다른 치료를 하지 않고도, 혹은 아주 가벼운 경막외신경차단술 정도로도 좋아지는 경우도 30~40% 된다. 그리고 약을 먹고 꾸준한 물리치료나 도수체조 등으로도 많이 좋아진다고 한다. 이런 치료로 증상이 완전히 없어지지는 않더라도 증상을 인정하고 그런대로 살아가는 것이 수술하는 것보다 훨씬 나은 경우가 대부분이라는 것이다. 수술한다고 해서 모두 낫는 것도 아니고, 수술이 실패할 수도 있다. 혹은 수술하고 나서도 재발할 수도 있다. 그러니 그보다는 불편해도 참고 사는 태도, 질병과 타협하고 함께 사는 마음, 혹은 좀 불편하더라도 느긋이 기다리는 마음이 필요하다. 그렇게 해서 가능한 한 자기 신체에 손상을 덜 주고, 신체의 자가 치유 기능을 믿어주는 자세가 필요하다.

병원에서는 환자가 참거나 기다리지 못하면 수술을 해준다. 듣기로는 의도적으로 수술을 선호하는 병원도 있다고 한다. 이건 그쪽 의사들에게 들은 말이다. 혹은 큰 병원에서는 수술 건수가 낮을 경우 그 의사에게 불이익을 주거나 급여를 적게 주는 경우도 있다고 한다. 의사의 양심만 탓할 일은 아니고, 이는 수술을 많이 할수록 병원이나 의사가 돈을 많이 버는 우리나라 의료시스템의 문제이다.

이러한 점을 잘 알아서 자신의 몸은 스스로 지켜야 하는 현명함이 필요하다. 또한 잘못된 의료시스템을 함께 노력해서 고쳐나가도록 해야 한다. 아무튼 약간의 고통을 참지 못하고 조급함에 쉽사리 자기 몸에 칼을 대고, 수술과 이러저러한 처치에 지나치게 의존하는 것은 좋은 태도가 아니다.

사실 의학이 아무리 발달했다고 해도 타고난 자신의 생체적 복원력만은 못하다. 이러한 복원력은 정말로 강하다. 자신의 몸이 알아서 병을 극복하도록 노력하는 자세가 필요하다. 물론 그러기 위해서는 자신도 올바른 건강생활을 꾸준히 영위할 수 있어야 한다. 그러면 자기 몸은 자신의 노력에 보답한다. 구하는 사람만이 얻을 수 있다고나 할까. 그것에 비하면 의학적 치료, 투약, 수술은 생체적 복원력을 부정하는 것이다. 자기 몸을 투약, 수술에 맡기고 나면 복원력은 사라져 버린다. 그러니 오히려 의사가 필요 없는 상태가 되어야 한다.

치아를 빼지 않고 오래 버티는 게 상책

나는 27세 때 군의관 훈련소에 들어갔는데 아스팔트, 시멘트 바닥에서 너무 오래 행군 훈련을 하여 무릎 관절이 다 망가졌다. 사연은 이러하다. 대학을 마치고 대구 군의학교에 입교하였다. 군의관 후보생들이 약 천여 명이 넘었던 것 같다. 그중에는 레지던트를 마치고 들어왔는데 체중이 무거워서 뒤뚱뒤뚱하는 후보생, 이미 결혼한 후보생도 많았다. 스리스타 사령관이 어느 날 군의학교를 방문했다가 후보생들의 군기가 엉망진창인 것을 보고, 당장 영천의 제3사관학교로 보내서 군기 교육을 제대로 시키라고 명령했다.

우리는 군의학교 학생에서 졸지에 사관학교 훈련병이 되었다. 경북 영천군 고경면의 바람은 차고 매서웠다. 그렇게 사관학교의 시멘트와 아스팔트 바닥에서 구보, 행군 훈련을 몇 주 동안 받다 보니 무릎이 다 망가졌던 것이다. 1979년도의 봄은 유난히 추웠다.

수십 년 동안 때때로 무릎이 아프기도 하고 부어오르기도 했다. 그러나 끝까지 수술하지 않고 약 먹지 않고 버텨 왔고, 40년이 지났지만 아직 등산도 잘 다니고 있다. 더 나빠지지만 않으면 되는 것이다. 학교에서 동료들과 '절 수행'을 하자고 해서 잘 할 수 있을까 걱정했으나, 절 수행을 할수록 무릎 관절은 더 좋아졌다.

잇몸병(치주병)도 그러하다. 한 번 소실된 치조골은 절대로 다시 생기지 않는다. 그러나 남은 치조골이라도 가능한 한 아껴 쓰고 살살 써서 치아를 빼지 않고 오래 버티는 것이 중요하다. 쉽게 무 뽑듯이 쑥쑥 빼고 임플란트 할 일이 아니다. 임플란트가 만능이 아니기 때문이다.

잇몸이 나빠서 치아를 뽑은 사람은 임플란트도 오래 쓰지 못한다. 임플란트하고 나서도 치주가 망가지는 원인이 제거되지 않는다면 결국 임플란트도 다시 망가지는 악순환이 계속된다.

그렇다면 치주가 망가지는 원인은 무엇인가. 그것은 한마디로 불량한 구강위생 습관이다. 결국 치아 주위 조직에 음식물 찌꺼기와 세균은 매일매일 생기는데, 그것을 매일매일 제거해 주지 않는다면 악순환은 계속된다. 임플란트 후에 올바른 잇솔질이 특히 강조되는 것은 그 때문이다.

물론 치주가 약해지는 원인은 여러 가지인데, 당뇨병이 심하다든지 임신·출산을 한다든지 피로와 스트레스가 많은 생활을 하면 잇몸이(치주가) 빨리 망가진다. 임플란트의 경우도 마찬가지이다. 그러니까, 이런 사람은 임플란트를 해도 결국 오래 쓰지 못한다.

임플란트가 답이 아니라는 것은 이런 이유 때문이다. 의사가 내 몸을 위해준다고 해도 자기 몸 아끼듯이 아껴주는 것은 아니다. 더구나 지금과 같이 과잉 진료, 상업성 진료가 판치는 세상에서는 스스로 병원으로부터 자기 몸을 보호할 필요가 있다.

33. 나의 축농증 3회 수술 시말기

축농증 수술의 보람도 없이 시험에 낙방

나의 축농증은 역사가 좀 길다. 국민학교 6학년 때, 시골 시장에서 장사깨나 해서 먹고사는 집 아이들 다섯 명이 서울로 유학을 왔다. 당시에는 대학교보다 중학교 입시가 더 치열했는데, 강원도 시골에도 입시 열풍은 불었던 것이다. 여자애는 둘이었는데 옥화는 얼굴이 가장 예뻤으나 공부를 가장 못했다. 하루는 옥화가 눈이 나빠서 칠판 글씨가 잘 안 보인다고 해서 엄마들이 같이 옥화의 안경을 맞추러 갔었다. 결과는 옥화가 안경이 쓰고 싶어서 눈이 나쁘지 않은데도 거짓말을 했다는 것이었다.

옥화의 두 번째 사건은 '늘 머리가 아프고 눈이 침침하다'는 것이었는데, 축농증이 아닌가 검사하러 갔다. 이때는 나도 따라갔었는데, 역시 옥화에게는 축농증이 없었다. 당시에는 공부를 못하면 심심치 않게 축농증 탓으로 돌리기도 하던 시절이었다. 그러자 우리 엄마의 신중한 배려였는지 어쩐지 모르겠는데 "광수 너도 한번 검사해 봐라." 해서 축농증 검사를 했다. 그런데 의사가 나에게는 축농증이 심하니 빨리 수술을 해야 한다고 했다. 옥화 덕을 보기는 보았다. 내심 내 성적을 축농증 탓으로 돌리니 좋았고, 축농증 수술을 하면 성적이 제법 오를 것도 기대했다.

당시 내가 수술을 받은 병원은 연합병원이었는데, 광화문 시민회관(지금의 세종문화회관) 옆에 있었다. 진찰을 받는 중에 네거리에서 데모하다가 머리 터지고 피를 철철 흘리는 대학생들이 병원으로 쏟아져 들어왔다. 그때가 1964년이었다. 지나고 나서 생각해 보니 한일회담 반대 6.3 시위였다. 이렇게 서울 온 첫해부터 데모는 정말 많이 보고 살았다. 아무튼 그렇게 수술을 받고, 며칠 밤을 입으로 피를 토해냈다. 그러나 축농증 수술한 보람도 없이 나는 중학교 입시에서 원하는 학교에 가지 못하고 떨어져 버렸다.

두 번째 축농증 수술

두 번째 수술은 치과대학 3학년 때이다. 당시 여름에 할아버지가 홍천에서 돌아가셨는데, 4~5일 동안 꼬박 밤잠을 자지 못하고 초상을 치렀다. 그때는 아버지 사업이 제법 잘나가서 문상객들이 끊임없이 들이닥쳤다. 그때 갑자기 코에서 싯누런 고름이 뚝뚝 떨어지는 것이었다.

초상치레가 끝나고 치과대학으로 와서 진단을 받았다. 축농증은 워터스 뷰Water's view라는 방사선으로 진단한다고 했다. 치과대학에서 찍어보니 진단이 잘 안 나왔다. 할 수 없이 의과대학 이비인후과에 가서 찍었더니 바로 축농증이 심하다는 진단이 나왔다. 그 사진을 들고 구강외과 교수님께 갔더니, 바로 "어, 축농증이 아주 심하네."라고 말했다. 아, 그때 나는 알아버렸다. 서울대학교 교수도 서로 실력 차이가 너무 난다는 것을.

아무튼 그래서 학교 병원에서 날을 잡고, 구강외과 교수님의 수술로 동급생들이 둘러보는 가운데 치료를 잘 받았다. 당시 축농증은 이비인후과에서나 치료하는 것으로 알려져 있었지만. 치과대학에서도 잘 치료할 수 있다는 것을 내 몸을 통해서 증명하였다. 아버지는 수술하신 교수님께 쇠고기 한 근과 조니워커 한 병으로 사례를 하셨다.

참고로 지금은 임플란트를 하기 위한 축농증 관련 수술은 치과의사가 매우 능숙하게 하고 있다. 상악 치아는 거의 축농증 부위와 맞닿아 있으므로 축농증 수술을 모르면 임플란트를 할 수 없다. 상악동이란 위턱 치아의 바로 위에 코로 통하는 큰 해골 속의 공간을 말하는데, 좌우로 양쪽에 있다. 이 상악동에 염증이 생기면 상악동염이고, 오래되어 농이 생기면 축농증이 되는 것이다.

축농증은 내가 오랫동안 겪었기 때문에 그 증상을 잘 알고 있다. 코가 늘 막혀 있고, 심하면 코에서 냄새도 나고, 상악동 부위를 눌러보면 아프기도 하다. 눈이 따끔거리며 침침하기도 하고, 두통도 늘 따라다닌다. 음식을 씹을 때면 위턱 치아에 아픔이 느껴지기도 한다. 가끔 치과에도 그런 환자들이 오는데, 증상을 잘 보아서 이비인후과로 인도해 준다. 그런데 요즘 동네 이비인후과에서는 축농증 수술을 기피한다는 사실도 알게 되었다. 여러 이유가 있을 것이고 아마도 건강보험으로 수술비가 낮고, 수술이 번거롭기 때문이 아닌가 짐작한다.

세 번째 수술

세 번째 사연 역시 나의 축농증에 관한 것이다. 치과대학에서 수술받은 것은 오른쪽이었는데, 이번에는 왼쪽에서 또 탈이 났다. 실은 왼쪽 코가 자꾸 막혀서 동네 이비인후과에 갔더니, 콧속에 폴립(polyp, 혹)이 생겨서 그렇다고 하고 약을 처방

해 주었다. 내 생각에 용종이면(폴립이면) 그냥 잘라내면 될 것이지 왜 자꾸 약만 주나 싶었다. 나중에 증상이 심해져서 용종을 잘라 달라고 했더니 "그건 대개 축농증 수술과 같이하는 것"이라고 해서 '축농증도 아닌데 무슨 축농증 수술을 함께 하나.'라고 생각했다. 요즘은 동네 의원에서 축농증 수술을 잘 하지 않기에 대학병원으로 가야하나 하다가, 마침 동네에 좀 큰 병원에서는 여러 가지 수술을 다 한다고 해서 들렀다. 의사 선생은 여러 가지 진찰을 하고 사진을 찍어보더니 축농증이 심하다고 했고, 수술하기로 했다. 수술은 잘 되었다.

축농증은 웬만한 이비인후과 의원이면 으레 수술하는 줄 알았는데 그게 아니었다. 그러면 이게 마치 산부인과에서 분만을 받지 않듯이 일반적인 진료인데도 적은 보험수가 때문에 개원의들이 기피하는 것인가 하는 생각도 든다. 먼젓번에 갔던 동네 이비인후과가 축농증 수술을 기피하는 것도 어쩌면 치과에서 아말감을 기피하는 것과 같은 이유일까 하는 생각도 들었다. 반면에 의사들(치과의사 포함)은 아무리 어렵더라도 수익성에서 포기할 수 없는 것은 무슨 수를 써서라도 한다. 임플란트 시술은 대단히 어려운 것인데, 지금은 웬만한 치과에서는 다 하는 것이 그 예이다. 의사가 누구인가. 나름 수재들 아닌가.

슈바이처 신드롬

축농증을 통해서 여러 경우를 겪었지만 역시 의사란 천차만별이구나 싶다. 지난번 스님의 구강암 경우에도 그랬지만 서울대학이라고 해서 다 잘하는 것도 아니다. 같은 이비인후과 의사라도 어떤 의사는 그저 질질 끌면서 속 시원한 답을 해주지 않고 약 처방만 해주었다. 또 나이 많은 어떤 이비인후과 의사는 시설도 별로인데 다른 동네에 가서 엑스레이를 찍어오면 수술을 해보겠다고 했다. 이 분야에 대해서 어느 정도 아는 나도 이럴진대 전혀 모르는 보통 시민들은 병이 났을 때 정말 피곤하겠다 싶다. 중요한 것은 좋은 의사를 만나는 것인데, 우선 어느 의사가 좋은 의사인지 알 수가 없다. 어디로 가야 좋은 의사를 만날지 알 수 없다. 시설이 좋다고 좋은 의사도 아니고, 친절하다고 좋은 의사도 아니다. 비싸게 받는다고 좋은 의사도 아니다. 정말로 좋은 의사란 종잡을 수가 없다. 다만 그저 나는 겉모습이나 과잉 친절에 혹은 싼 치료비에 팔리지 말아야 한다는 얘기 정도만 해줄 수 있을 뿐이다.

좋은 의사를 만나기가 어렵다는 문제도 있지만 사실 좋은 의사가 얼마나 있느냐가 더 문제 될 것이다. 대부분의 의사가 좋은 의사가 아니라면 좋은 의사를 만나겠다는 노력도 헛된 것이다. 그런데 왜 '의사만 착하고 도덕적이어야 하는가?'라는 문제도

제기된다. 정치가도, 공무원도, 군인도, 심지어 교수도 대부분 그다지 도덕적이지 않은데, 왜 하필 의사만 도덕적이어야 하느냐는 항변도 있을 수 있다.

대학교 때 '슈바이처 신드롬'이란 말이 있었다. 사실은 내가 만든 말이다. 어떤 의대 학생이 말했다. "나는 그저 평범한 개업의가 되려고 했지 위대한 슈바이처 박사같이 훌륭한 사람이 될 생각은 없다. 그런데 왜 사람들은 내가 의사라는 이유로 슈바이처가 되기를 강요하는가." 그렇다. 슈바이처 박사 같은 사람이 되기는 힘들다. 그런 사람이 많지 않으니까 슈바이처도 유명해졌고, 훌륭한 사람이란 소리를 듣는다.

도덕성은 또한 의사에게만 요구되는 것은 아니다. 그러나 여러 가지 직업 중에서 의사는 사람을 살리는 직업이고, 사람의 고통을 덜어주는 직업이다. 그러니 그 자체만으로도 존경받을 만하다. 의사는 그저 배운 대로 혹은 먹고살기 위해서라도 치료를 해주지만 환자들은 고마워한다. 그러니 직업 자체가 존경받을 만한 직업이다. 그렇다면 존경받을 만한 직업을 가진 사람답게 좀 더 도덕적이려고 노력할 필요는 있다고 본다. 환자들의 기대에 부응하도록 스스로 노력할 필요도 있다는 것이다.

34. 의료복지 사회적 협동조합

주민의, 주민을 위한, 주민에 의한 치과의원

십여 년 전이던가, 건강사회를 위한 치과의사회(이하 건
치) 후배들이 찾아와서 의료복지 조합을 만들려고 하는데, 나
도 함께하면 좋겠다고 했다. 나는 잘 모르지만 후배들이 하는
일이니 좋은 일이겠다 싶어서 함께 하기로 했다. 그러다가 이사
장 할 사람이 없다고 해서 이사장도 하고 감사도 하고, 그렇게
10년 넘게 함께 지냈다. 지금은 서울시 성동구에 조합 사무실을
두고, 인근에 조합 직영으로 치과의원을 운영하고 있다. 의료복
지사회적협동조합은 이른바 의료가 상업적으로 운영되는 것
을 막자는 취지로 생겨난 것이다. 오늘날 자본주의 사회에서 자
유방임적 민간의료제도 아래에서는 의료가 상업적으로 흐르
지 않을 수 없다. 의사들의 도덕성만 탓할 일이 아니다.

기업인, 노동자, 자영업자, 그 누구라도 이 사회에서는 돈을 버는 일이 1차적인 목적인데, 병원을 자영업의 형태로 만들어 놓고서 "의사는 돈을 벌지 마라, 돈 버는 게 목적이 되지 마라."고 해도 안 될 일이다. 의사가 많은 돈을 들여서 병원을 개원하고, 직원 월급을 주고, 재료비와 병원 임대료를 매달 주고, 소득세도 내야 하는데, 오로지 의사만 양심적으로 돈벌이 하지 말라는 것 자체가 무리이다. 의사가 그래서는 안 되지만 지금 우리나라의 개원 환경은 그럴 수밖에 없는 상황이다.

  의료만은 자영업의 형태가 되어서는 안 되고, 공공재로서 병원은 일종의 공공기관이 되어야 한다. 그러나 그것은 어디까지나 이상이다. 자본주의 사회에서는 그것이 어렵다. 그래서 조합이 병원을 차리게 되면, 적어도 병원의 주인만은 의사 개인이 아니다. 이렇게 지역주민이 병원의 주인이 되면, 그래도 조금은 '상업성에서 벗어나서 지역주민과 조합원의 건강을 위한 기관이 되지 않겠느냐?'라는 취지에서 조합병원을 세웠다. 다시 말해서 조합치과는 주민의, 주민을 위한, 주민에 의한 치과의원이 되는 것이다. 더 구체적으로는 조합원의, 조합원에 의한, 조합원을 위한 치과의원이 되는 것이다.

의료복지 사회적 협동조합

우리 의료복지 조합과 그 부속 의원도 이제 역사가 10년 이상 되었고, 지역에서 어느 정도 뿌리를 내렸다. 물론 그 과정에서 직원과 조합 이사, 그리고 조합원의 노력이 컸다. 자리를 잡기까지 순탄치 않았고 몇 번의 좌절도 겪었지만, 앞으로도 이런 형태의 노력은 계속되고 발전되어야 한다고 본다.

이와 같은 의료복지 사회적 협동조합은 전국에 약 30개가 되는데 은평, 안성, 부평의 의료복지 사회적 협동조합은 우리보다도 역사도 오래고, 규모도 크고, 직원도 훨씬 많고, 다른 조합들의 모범이 되고 있다. 의료복지 사회적 협동조합은 연합회를 만들어서 서로 도와주고 정보를 교환하고, 행정사무가 있을 때는 대행해 주기도 한다. 서울 은평구 녹번동에 한국의료복지사회적협동조합연합회가 있는데, 홈페이지(http://www.hwsocoop.or.kr/html/)에 들어가 보면 자세한 내용을 알 수 있다.

사무장 병원

과거에 사무장 병원이라는 게 많이 있었다. 주인이 의사가 아니고, 주인인 사무장이 의사를 고용하면서 환자를 유치하는데, 이 병원에서는 과잉진료, 부정진료, 심지어는 대리진료까지 해 왔다. 혹은 주인이 의사라고 해도 나이가 많아 모든 일을 사무장에게 대행하면서 부도덕하게 운영해 오는 병의원이 꽤 있었다. 그런 것들을 속칭 사무장 병원이라고 하는데, 이 사무장 병원이 실체를 위장하느라고 "○○조합 의원, ○○조합 부속의원"이라고 간판을 거는 일이 오래전부터 있었다. 그래서 초기에는 복지부가 우리 조합을 그런 불순한 병의원으로 오해하는 태도가 있었다. 이런 일은 우리뿐만이 아니었다.

그래서 기획재정부와의 협의를 거쳐서 (조합 관련 사무는 기재부 담당이라고 한다) 조합의 명칭에 '복지'와 '사회적'이라는 단어를 꼭 넣도록 했다. 기재부에서 요구하는 일정한 규모와 조건을 갖추지 못하면 '사회적'이라는 단어를 붙일 수 없도록 한 것이다. 그렇게 해서 '의료복지 사회적 협동조합'이 탄생하게 되었다.

앞으로도 이 의료복지 사회적 협동조합의 숫자가 많이 늘어나고 발전하고, 국민들 사이에서 적극적으로 이용되기를 바란다. 의료의 상업화를 조금이라도 막아 보자는 의료인들의 힘겨운 노력이다.

35. 의사의 수는 많은가, 적은가

누구를 위한 의사인가

현재 의과대학 입학정원은 3,058명이고, 치과대학 입학정원은 700명 내외이다. 이 숫자는 적정한 것인가? 의사가 부족하다고 해서 사방에서 비명을 지르고 있지만, 역대 정부가 의사정원 증원계획을 발표할 때마다 의사들이 거센 집단행동으로 그것을 막았다. 의사들 자신은 의사가 부족하다고 생각하지 않는 것일까? 물론 실제로는 부족하더라도 자신들의 수입과 지위를 지키기 위해서 그들은 앞으로도 증원 반대 집단행동을 할 것이다.

치과의사는 많은가, 적은가. 현재 개원가의 극심한 출혈경쟁이나 과잉진료, 덤핑진료 현상을 보면 일견 치과가 너무 많다고 생각하기도 한다. 정말 그런 것일까? 적정 의사 숫자를 판단하기는 지극히 어렵다. 학문적으로도 견해가 다르고, 연구 결과도 차이가 크게 난다. 그리고 정부와 국민, 의사 집단 간의 견해도 많이 다르다. 정말 어려운 문제다. 그렇다면 답은 없을까? 이 답이란 사람마다 서로 다른 게 당연하고, 오히려 일정한 답이란 원래부터 있을 수 없는 것일까? 그렇다면 각각 다른 답 가운데 누구의 답이 옳은 것일까?

우리는 여기서 가치의 기준을 정할 필요가 있다. 누구를 위한 가치를 그 기준으로 삼을 것인가? 의사를 위한 가치? 재벌을 위한 가치? 정권을 위한 가치? 여기에 대한 답은 자명하다. 가치란 국민대중을 위한 가치인 것이다. 여러 주장 중에서 어느 것이 가장 국민을 위한 답인가를 생각하면 되는 것이다.

전문과목 이른바 '피안성, 내외산소' 편중 문제

현재 치과가 아닌 일반 의과에서 문제가 되는 것은 돈벌이가 잘 되는 전문과목에는 의사들이 너무 많이 몰려서 경쟁이 치열하고, 중요한 전문과목에는 의사들이 지원하지 않아서 심각한 인력난을 겪고 있다는 점이다. 내외산소(내과, 외과, 산부인과, 소아청소년과, 흉부, 신경외과)는 필수과목임에도 인력이 너무 모자라고, 돈벌이가 잘 되는 피안성(피부과, 안과, 성형외과)에는 의사들이 몰린다고 한다.

이런 문제의 시발은 양쪽 그룹 간에 수입의 격차가 너무 크다는 것인데, 그 첫 번째 원인으로는 건강보험 수가체계의 불균형을 꼽는다. 그리고 두 번째로 비보험 진료 수입의 과다 여부를 들고 있다. 그런데 내 생각에 이는 건강보험수가체계 규정을 바꿈으로써 해결할 수 있다. 규정만 바꾸면 되는 것이다. 의사를 더 늘이지 않아도 되는 것이다. 또 비보험 항목의 방치 문제도 보험공단이나 보건소의 단속으로 의사들의 과다한 보험 외 진료 수입을 막으면 되는 것이다.

즉, 이 두 가지 문제는 전체 의사 수와는 관계가 없는 전문과목별 의사 수급의 불균형 문제이다. 내가 지금 제기하는 문제는 그보다는 의사의 절대 수가 많으냐 적으냐이다. 반면에 치과의사의 경우는 전문과목이 별로 문제 되지 않기 때문에 전체 공급량의 문제만 따지면 된다.

의사 숫자는 다다익선

나는 지극히 원칙적인 얘기로 의사의 수는 국민을 위해서 많으면 많을수록 좋다고 생각한다. 다다익선多多益善이다. 여기에 대한 반대 주장의 첫 번째는 의사 양성에는 큰 비용이 든다는 것이다. 그러나 그것은 그렇지 않다. 의사 키우는 데 돈이 많이 든다는 것은 신화이고 허구이다. 의대나 치대를 만들기는 매우 쉽다. 매우 어렵다는 주장 자체가 의사, 치과의사들의 몸값을 높이는 방편일 뿐이다. 나는 박정희 정권 말기인 1978년 당시 아무것도 없는 데서 치과대학 7개를 동시에 신설해서 6년후에 치과의사를 대량으로 배출하는 것을 지켜보았다. 우리 동기들(서울대 33회)이 대부분 그 대학의 교수로 갔다.

의사가 많으면 국민들이 손쉽게 많은 돈을 들이지 않고도 의료서비스를 받을 수 있다. 물론 의사들은 값이 떨어지니까 반대할 것이다. 그러나 이런 의사들의 주장이 국민을 위한 것이 아님은 분명하다. 의사들이 많으면 과당경쟁과 과잉진료로 국민이 오히려 피해를 본다는 것은 의사들의 부도덕함을 스스로 고백하는 것이다. 의사가 귀하다고 해서 과잉진료를 안 하는 것도 아니고, 의사들이 많다고 해도 과잉진료를 막는 방법은 많다.

상업성 진료, 과잉진료

다음으로 의사 수가 많더라도 부족 부분이 생기는 것은 공공의료 분야다. 우리나라는 민간에게 진료를 맡기는 자유 개업의 제도인데, 이러한 개원의들에게는 자연히 수입의 논리가 우선일 수밖에 없다. 그러므로 우선 의료의 공공화가 필요하다. 국민의 진료는 개원의 중심이 아니라 공공병원 중심으로 가야 한다는 얘기다. 우리나라는 의사 수가 부족함에도 대부분의 의사가 공공의료를 담당하지 않고, 민간 병의원에 종사하고 있다. 그러므로 국민은 의사들의 상업적 진료의 틀에서 벗어나지 못하고 있다. 국민은 상업성 진료와 과잉진료를 탓하기만 했지 그것을 고칠 생각은 하지 못한다.

그것은 의사의 도덕성만으로 해결되지는 않는다. 왜냐하면, 의사도 상업적으로 개원 생활을 하기에 상업성에서 벗어날 수 없기 때문이다. 이러한 상태에서는 의사 수를 늘린다고 해도 늘어난 의사는 의사가 필요한 곳으로 가지 않고 개원가의 상업성 경쟁만 치열해질 뿐이다. 개원가의 경쟁이 치열해지면 덤핑수가, 과잉진료, 진료과실 등으로 이어지므로 의사 수를 늘린다고 해도 오히려 해로울 뿐이다. 의사들의 도덕성 문제가 아니라 민간개업형 의료제도의 문제점을 지적해야 한다.

공공의료 강화해야

그러면 어떻게 해야 하는가. 결국은 공공의료가 강화되어야 한다. 즉, 국가나 지방자치단체가 운영하는 공공병원이 많이 늘어나서 이 병원들이 대부분의 국민 질병을 담당해야 한다. 그러기 위해서는 훌륭한 의사들이 공공병원에 많이 종사해야 한다. 그런데도 도립병원, 국립병원에서는 훌륭한 의사를 구하기 어려운 것이 현실이다. 이를 해결할 수 있는 현실적인 방법은 공공 의과대학을 설립하는 길이다. 현재 정부는 의과대학 입학생을 1년에 천 명 이상 늘릴 계획을 잡고 있는데, 이들의 대부분을 공공병원 의사로 육성해야 한다. 현재 재정난에 허덕이는 지방대학을 국가는 싼값에 인수하여서 공공 의과대학을 여러 개 만들어야 한다.

국가는 초등학교 교사를 양성하기 위하여 교육대학을 운영하고, 이 교육대학 졸업생은 초등학교 교사로 복무한다. 교육대학 졸업자가 고등학교나 대학교 교사가 될 수는 없다. 이처럼 국가는 공공의료 의사의 양성을 위해서 국립으로 공공 의과대학을 설립 운영해야 한다. 그리고 이들을 100% 공공의료기관에 취업시켜야 한다. 마치 사관학교를 졸업하면 군인이 되고, 철도고등학교를 졸업하면 철도청에 근무하게 되는 것과 마찬가지이다.

정부나 지자체가 공공병원 설립 예산을 운운하지만 실제로 그것은 현재의 건강보험 예산체계에서도 충분히 가능하다. 정부는 현재 건강보험 재정을 민간의료기관에 지급함으로써 민간기관의 사치화와 상업화를 부채질하고 있다. 예를 들어, 철도청이 철도사업을 민영화하지 않고 국영화함으로써 국민에게 큰 이익을 주고 있는 것과 마찬가지다. 일본에서는 철도사업이 민영화된 탓에 국민들이 비싼 철도 요금 때문에 엄청난 불편을 겪고 있다. 그것은 철도라는 먹이를 민간철도회사에 던져주었기 때문이다. 마찬가지로 한국 정부는 현재 의료라는 먹잇감을 민간에게 주어서 국민을 불편하게 하고 있는데, 그것을 국가가 회수해서 직영으로 해야 한다.

공공 의과대학 설립해야

현재 건강보험료 요율은 소득의 7%로 소득세 다음으로 높다. 국민은 이렇게 높은 건강보험료를 내고 있으면서도 여전히 의료 이용에 큰 불편을 겪고 있다. 국가가 국민에게 막대한 건강보험료를 거두어들이고 있는 이상 국가는 여기에 대해서 큰 책임이 있다. 국가는 국민으로부터 거두어들인 건강보험료를 MRI 기계나 고액의 암 치료비, 혹은 죽어가는 사람의 연명치료에 낭비할 일이 아니다.

이러한 의료국영화(혹은 공공의료 강화) 계획은 당장에는 어려울지 모르겠으나, 결국은 우리가 가야 할 길이다. 당장 모든 문제를 해결하기는 어렵겠지만 부분적으로라도 조금씩 해 나가는 정책이 필요하다고 생각된다. 이를 위해 시급히 필요한 것은 공공 의과대학의 설립이다.

36. 꼭 지켜나가야 할 건강보험–
미국처럼 되지 않으려면

실손보험 가입할 이유가 없다

구강검진을 하다가 충치가 많으신 분에게 "이건 우선 치과에서 때우세요. 보험으로 다 됩니다."라고 하면 "보험을 안 들었습니다."라고 답하는 분들이 계시다. 그러나 우리 국민은 누구나 자동으로 국민건강보험 가입자이다. 보험료를 전혀 안 내는 사람도 그렇다. 민간보험과 혼동하면 안 된다.

민간보험은 실손보험이라고 하는데, 이걸 들었다가 후회하시는 분들이 많다. 가입할 때는 보철이고 임플란트고 다 해준다고 하고는 막상 치료 다 받고, 치과에 돈 다 내고 나서 보험금(치료비)을 청구하면 무슨 서류가 빠졌다, 날짜가 지났다, 이건 해당이 안 되는 항목이다. 조건이 안 맞는다 등등의 이유로 보험금을 못 받고 억울해하는 경우가 많다.

또 비용면을 따져보아도 그렇게 보험료를 내느니 차라리 그냥 치과에서 직접 돈 내고 치료받는 게 대개는 더 적게 든다. 암보험 따위는 어떤지 잘 모르겠지만 적어도 치과의 경우에는 민간보험(실손보험)을 들 이유가 없다.

그러나 친지의 부탁으로, 혹은 아는 분이 꼭 들어 달래서 어쩔 수 없이 드시는 분도 많다. 그걸 보면 정말 우리나라 사람들은 인정이 많다.

건강보험 지켜가기

이제 본론으로 들어가자. 중요한 것은 국가가 운영하는 국민건강보험이다. 우리나라는 건보 체계가 아주 잘 되어 있는 나라이다. 이런 나라는 독일, 일본 등 세계에서 몇 나라 안 된다. 국민 누구나가 손쉽게 병원에서 진찰받고, 검사받고, 약 받고, 수술받는다.

병의원도 적지 않다. 시골이라고 해도 30분 이내의 거리에는 다 의사가 있다. 의사들 말로는 의사가 없는 곳이 없어서 개원할 자리가 없다고 한다. 병원비도 싼 편이다. 외국, 특히 미국에서 살아보신 분들은 그 나라 치료비의 끔찍함에 치를 떤다. 미국 사람들은 치료비가 너무 비싸서 대부분 치과에 못 가고, 치료할 수 있는 치아를 방치하다가 결국 치아를 빼게 된다. 미국 사람들은 틀니가 우리나라보다 훨씬 많다.

이렇게 우수한 우리나라 국민건강보험의 존립을 위협하는 요소가 두 가지 있다. 첫째, 재정 건전성이다. 건보 예산은 국민의 건보료로 충당되는데, 건보료는 대개 소득의 7%이다. 이 금액은 국민에게 적지 않은 부담이 된다. 소득이 없는 사람은 안 내도 된다지만, 재산에 부과된다는 지역의보 가입자들은 매우 억울해 한다.

사람들은 영업세나 근로소득세 등으로 대충 10% 정도의 세금을 낸다. 그리고 국민연금으로 8%(본인 부담은 4%)를 내고, 건보료로 7%(본인 부담은 3.5%)를 낸다. (물론 국민담세율은 24% 정도 되는데, 여기에는 10%의 부가가치세, 24% 정도의 법인세 등이 합쳐지기 때문이다) 이렇게 많은 부담을 안고 운영하는 국민건강보험의 재정이 적자가 나면 안 된다.

적자 발생 요인은 흔히 방만한 조직운영이라고 하지만, 실은 무엇보다도 많은 치료비가 드는 불치병이나, 사망이 임박한 환자의 생명연장 치료에 대한 무리한 지원에 있다. 흔히 집안 재산도 노인네 병 치르는 데 다 까먹는다고 하는데, 건보 재정도 70세 이후의 환자 치료에 대부분 지출되고 있다. 노인들 병을 방치

할 수 없지만, 무익한 생명연장성 치료에 너무 많은 비용이 지급되고 있다. 이는 정치가들의 선심성 공약 때문이기도 하다. 보호해야 할 건보 재정을 선심성으로 과도하게 지출하고 있다.

영리병원의 위험성

건강보험을 위협하는 둘째 요인은 영리병원 허가이다. 영리병원이란 진료비를 건강보험 수가대로 받지 않아도 되는 병원이다. 즉, 비싼 병원이다. 삼성 같은 거대 의료기업이나 대형 병원은 병원을 통해서 많은 돈을 벌기 위해서 영리병원을 운영하려고 애쓴다. 그들은 이것이 마지막 블루오션이라고 한다. 국민의 질병을 이용해서 큰돈을 벌 수 있는 마지막 기회라는 뜻이다.

그런데 병원이 건보 수가를 지키지 않고 마음대로 진료비를 받기 시작하면, 바로 그날로 '전 국민 건강보험체계'는 무너져버린다. 둑이 터져버리는 것이다. 바로 당장 미국처럼 의료체계가 끔찍한 나라로 전락할 수 있다. 처음에는 제주도에만, 관광특구에만, 외국인을 위한 의료관광이라는 이유로 허가해 주지만, 결국 그 제한 조건은 무력해지고 국민건강보험 체계는 무너진다. 어느 경우에도 영리병원을 허가해서는 안 된다. 낙타를 텐트에 재우기 시작하면 결국 주인은 쫓겨난다.

어떤 정치인이 도지사가 되어서 영리병원을 허가해 주었다. 중국인 사채업자가 서울의 의료인과 결탁하여 제주도에 영리병원을 설립하려는 계획이었다. 다행히도 이것이 사전에 들통 나고 사회적 이슈가 되어 허가가 취소되었다. 만약에 실제로 영리병원이 생겼다면 어쩔 뻔했겠는가. 앞으로도 이런 일이 일어나지 않게 국민들이 감시를 잘해야 한다.

임플란트 함부로 하지 말아야 할 이유

– 치과외전·현직 치과의사의 쓴소리

초판 1쇄 발행 | 2023년 12월 5일
초판 2쇄 발행 | 2023년 12월 30일
글쓴이 | 김광수
펴낸이 | 최진섭
디자인 | 플랜디자인
펴낸곳 | 도서출판 말

출판신고 | 2012년 3월 22일 제2013-000403호
주소 | 인천시 강화군 송해면 전망대로 306번길 54-5
전화 | 070-7165-7510
전자우편 | dream4star@hanmail.net
ISBN | 979-11-87342-29-8(03330)

- 값 15,000원
- 잘못된 책은 본사나 구입하신 곳에서 바꾸어 드립니다.